50 Salmos
para todos los días

Colección BIBLICA

LA BIBLIA EN INTERROGACION
—Cien preguntas — Cien respuestas—
Jean Martucci

COMO ENTENDER EL MENSAJE
DEL NUEVO TESTAMENTO — 4a. Ed.
Augusto Seubert

¿ENTIENDES EL MENSAJE? — 6a. Ed.
Equipo Misionero

LECCIONES BIBLICAS — 7a. Ed.
José Miguel Miranda

TEMAS BIBLICOS — 5a. Ed.
José Miguel Miranda

50 SALMOS PARA TODOS LOS DIAS I y II
Noël Quesson

Noël Quesson

50 Salmos
para todos los días

Guías para la oración y meditación cotidianas

Tomo II

EDICIONES PAULINAS

Título original:
50 Psaumes pour tous les jours
Droguet & Ardant - Limoges, Francia
Nihil Obstat:
Angers, 10 de junio 1979
Jean Orchampt
Traducción:
Luis Vallejo B.

Textos de los Salmos
Biblia de Ediciones Paulinas y texto oficial
de la Liturgia de las Horas
Con aprobación de la C.E.C.

Ilustración de la carátula:
Acrílico de Javier Fernando Porras

ISBN 958-607-304-1

Calle 170 No. 23-31 - Apdo. Aéreo 100383
Bogotá D.E. - Colombia

PREFACIO

He aquí el segundo volumen de 50 SALMOS PARA TODOS LOS DIAS. El primer prefacio presentó en forma sucinta el método de lectura en tres tiempos, que se sigue utilizando en este volumen.

Quisiera, aquí, responder a varias preguntas.

¿POR QUE SE HAN PRESENTADO SOLAMENTE 100 SALMOS EN TOTAL? Efectivamente, el salterio consta de 150 poemas. Y los dos tomos solamente comentan 50 salmos cada uno, lo que da un total de 100 comentarios. Esta selección, no obedece a menosprecio de los otros salmos. Se ha pretendido simplemente hacer un trabajo serio, no demasiado técnico, que permita a los hombres y mujeres del siglo XX, descubrir quizá una nueva fuente de oración... Y a quienes habitualmente recitan el Oficio del Breviario, sacerdotes, o religiosos, descubrir un nuevo sabor, a lo que quizá haya podido convertirse en rutina.

En esta perspectiva, pastoral y espiritual, no era indispensable presentar todos los salmos, pues no todos son igualmente motivantes para la oración. Por otra parte, algunos de los que no han sido comentados, son muy semejantes en su contenido a uno u otro de los que han sido ya estudiados. Iniciando la oración con esta "primera selección" de 100 salmos, nos preparamos a orar, con los demás.

¿CON QUE CRITERIO SE HA HECHO LA SELECCION?

Simplemente, hemos sido fieles a la selección que hace la Iglesia en la liturgia. La reforma litúrgica introdujo un salmo en la Misa del domingo, después de la primera lectura. Los dos tomos cubren, exactamente, el conjunto de salmos propuestos por la Iglesia a la asamblea de los cristianos: la tabla de materias de la página 267 indica, para cada domingo del año A. B. C. el salmo utilizado. La mayoría de las veces, el "salmo del domingo" le corresponde bastante bien con la lectura del Antiguo Testamento, que acompaña al Evangelio: en esta forma, tres de los cuatro textos de la Escritura, conservan cierta unidad en la Liturgia de la Palabra.

Estos libros, por lo demás, nacieron de una experiencia pastoral basada en la liturgia dominical: los fieles de la catedral de Angers, a lo largo de tres años, pudieron llevarse, domingo tras domingo, un comentario policopiado del salmo. Muchos fieles me han comentado su descubrimiento de esta clase de oración.

Una forma de utilizar este libro podía ser ésta: los cristianos que desean asociarse al oficio monástico de una manera breve, tomarían el salmo del domingo precedente para recitarlo y meditarlo cada día de la semana. Excelente medio de enriquecer la oración cotidiana, relacionándola con la palabra de Dios proclamada en la Iglesia. Sé de parejas que lo hacen en su oración conyugal.

PERSPECTIVA ESENCIAL

No he pretendido hacer un trabajo exegético. Quienes hacen estudios especializados tienen a su disposición excelentes tratados científicos, con los cuales este modesto libro no trata de rivalizar. Por este motivo el primer parágrafo titulado "primera lectura: con Israel", es siempre la parte más corta en el conjunto de comentarios de cada salmo. Esta primera parte contiene un resumen sucinto de lo que parece el mínimo indispensable de tecnicismo bíblico, para lograr un conocimiento serio, sin demasiada subjetividad.

El objetivo de estos libros es pues valorizar una "lectura cristiana", y una "lectura moderna", de estos textos originalmente recitados por el pueblo de Israel. Por esto la tercera parte, titulada "lectura, con nuestro tiempo", es siempre la más amplia, y a mi juicio la más original. Estoy convencido de la actualidad de los salmos. Esto parece extraño a ciertas personas, que renuncian definitivamente a "orar con los salmos", relegándolos al museo de las antiguallas venerables. Personalmente, con la teología más auténtica, creo en el valor del "tiempo" y de la "historia": la Iglesia expande en el tiempo la palobra de Dios. ¡Dios tiene algo que decirnos hoy! Deseo pues que el lector no se contente con las pocas sugerencias que le propongo, sino que se esfuerce por "actualizar" estos salmos con sus propias situaciones, con los acontecimientos de su medio de vida, del mundo contemporáneo.

JESUS Y LOS SALMOS

No he querido limitarme a citas explícitas o relaciones directas que existen entre tal versículo del salmo, y tal pasaje del Evangelio. Los estudios exegéticos, hace ya mucho tiempo, han explorado estos puntos de contacto entre el Evangelio y el Antiguo Testamento. Hay múltiples "connivencias" entre el pensamiento de Jesús y los salmos. Sería aventurado decir que Jesús utilizó siempre fórmulas o pensamientos de los salmos, pero la abundancia de semejanzas es tal, que acreditan la idea de que Jesús, "hijo de este pueblo que sabía orar", no pasó un solo día de su vida sin orar con los salmos. Esto hacían, por la misma época, los monjes de Qumran. Y esto es lo que hicieron los monjes y eremitas de la Iglesia primitiva.

San Agustín dijo, de Jesús, que fue "el cantor admirable de los salmos". Cuando recito un salmo, pienso que esta oración la hizo Jesús, y que hoy, soy la voz de Jesús que continúa su oración eterna.

"Yo soy la viña, vosotros los sarmientos... Si permanecéis en Mí y mis palabras permanecen en vosotros, pedid lo que queráis y lo obtendréis..." (Juan 15,7). Señor, sí, que tus palabras permanezcan en mí.

Noël Quesson.

***NOTA:** Dado el carácter subsidiario de la obra para la comprensión y la meditación de los Salmos, hemos utilizado la traducción de la Liturgia de las Horas; ofrecemos también el texto íntegro de los Salmos, tomándolos de la traducción de la Biblia de Ediciones Paulinas, completando aquellas partes que no se utilizan en los textos oficiales.*

לָמָּה רָגְשׁוּ גוֹיִם

PUEBLOS Y REYES EN REBELION CONTRA DIOS...

Drama del Mesías rechazado...

RIDICULA INCONSISTENCIA DE ESTA OPOSICION...

EL MESIAS PERMANECE SEGURO Y SERENO:

— El es Hijo de Dios...
— Señor del universo todo entero...
— Juez escatológico...

Someteos, dejad reinar a Dios

SALMO 2

“TU ERES MI HIJO”

*¿Por qué se amotinan las naciones,
y los pueblos planean un fracaso?*

*Se alían los reyes de la tierra,
los príncipes conspiran
contra el Señor y contra su Mesías:
«Rompamos sus conyundas,
sacudamos su yugo».*

*El que habita en el cielo sonríe,
el Señor se burla de ellos.
Luego les habla con ira,
los espanta con su cólera.
«Yo mismo he establecido a mi Rey
en Sión, mi monte santo».*

*Voy a proclamar el decreto del Señor;
él me ha dicho: «Tú eres mi Hijo:
yo te he engendrado hoy.
Pídemelo: te daré en herencia las naciones,
en posesión los confines de la tierra:
los gobernarás con cetro de hierro,
los quebrarás como jarro de loza».*

*Y ahora, reyes, sed sensatos;
escarmentad los que regís la tierra:
servid al Señor con temor,
rendidle homenaje temblando;
no sea que se irrite, y vayáis a la ruina,
porque se inflama de pronto su ira.*

¡Sería vuestra felicidad!

PRIMERA LECTURA: CON ISRAEL

* He aquí un *salmo real*, que bajo la imagen de la "entronización" de un rey en Israel, hace descubrir el "proyecto de Dios", próximo a realizarse en el Mesías. Recordemos, que la palabra "Mesías", en hebreo se traduce por "el ungido", el "consagrado", "el rey". Y esta misma palabra fue traducida en griego por "Christos".

El salmista no pensaba en la persona de Jesús de Nazareth, es evidente. Se servía de la "ideología real" usada en todas las dinastías de la época ("Tú eres mi Hijo" es la fórmula con que los dioses entronizaban al Faraón en Egipto, para divinizarlo a los ojos de sus súbditos). Pero no podemos menos de pensar, que el Espíritu Santo, inspirador de la Biblia, colocó una "piedra de espera" que preparaba la revelación más perfecta de la filiación divina de Jesús". Y la admirable precisión "hoy te he engendrado" nos hace pensar no solamente en el nacimiento, un

¡Dichosos los que se refugian en él!

día, de un rey cualquiera, sino en este "hoy eterno" en que el Verbo es engendrado sin cesar en el seno del Padre. De igual manera, la resonante victoria del Mesías de Dios sobre sus enemigos coligados, no es una victoria cualquiera sobre alguno de los vecinos de Israel a lo largo de su historia, es la victoria escatológica del "último día", sobre el pecado y sobre la muerte misma.

Lo que nos lleva a hacer estas aplicaciones, que Israel no podía hacer en la época en que este salmo fue escrito, es que justamente, todas estas promesas nunca se realizaron en el plan político, terreno. Si nos quedamos en el nivel temporal, hay que reconocer, históricamente, que las "naciones paganas", los "goim", han triunfado sobre el pueblo humilde e indefenso. Es el drama de Israel, conmovedor y respetable, el doble plan en que se viven los acontecimientos en su historia: —el plan humano natural, histórico... —El plan simbólico sobrenatural, transhistórico.

SEGUNDA LECTURA: CON JESUS

** Cuando, en tiempo de Navidad, celebramos el nacimiento de un niñito, hijo de María, recostado en el pesebre de Belén, no olvidemos la densidad sobrehumana del misterio que se realiza bajo estas frágiles apariencias: este nacimiento "visible" es el icono de otro nacimiento "invisible...". "Tú eres mi Hijo, hoy te he engendrado". San Lucas (1, 32) alude a este salmo cuando afirma, que "el descendiente de David, rey de Israel" anunciado a la Virgen, será "llamado Hijo del Altísimo". Podemos imaginar el fervor interior con que Jesús cantaba este salmo, que hablaba de El anticipadamente, cuando el animador de la oración lo hacía cantar en la Sinagoga de Nazareth. Vayamos más lejos. Jesús, que varias veces anunció proféticamente su Resurrección (Marcos 8,31 - 9,31 - 10,34), no podía menos de aplicar este salmo al "segundo nacimiento", en que el Padre le permitiría "destruir" a su enemigo, la muerte, y "romperla como una vasija de barro". Los primeros cristianos, en todo caso, no se engañaron, siempre establecieron esta relación, diciendo que la Resurrección de Jesús fue el cumplimiento de estas palabras: "hoy te he engendrado"... Este pasaje del salmo se cita dos veces en el Nuevo Testamento (Hechos 13,32 - Hebreos 1,5), para hablar, ¡justamente de la Resurrección!

De igual manera podemos ver en la llegada de los magos a Belén, una misteriosa realización de este homenaje ya anunciado por el salmo: "ahora, ¡oh reyes! obrad prudentemente... Servid al Señor, rendidle homenaje con temblor...".

Tanto la rebelión de Herodes, que hizo asesinar a los inocentes (Mateo 2,12.16) como la tentativa de las autoridades de Jerusalén para ahogar el "nacimiento" de la primera Iglesia, fueron interpretados por los primeros cristianos como la realización de este salmo: "¿Por qué se amotinan las gentes y trazan los pueblos planes vanos? Se reúnen los reyes de la tierra, y se confabulan contra el Señor, y contra su ungido". Este pasaje del salmo es citado también en los Hechos de los Apóstoles (4,25-26). No nos apresuremos a decir que estas relaciones son fácticas. Podemos afirmar, con toda seguridad, que Jesús recitó este salmo, y que ante las fuerzas del mal desencadenadas contra El, tuvo la serenidad sobrehumana de proclamar, contra todas las apariencias: "ahora (¡es la palabra del salmo!), el príncipe de este mundo va a ser echado fuera" (Juan 12,31).

TERCERA LECTURA: CON NUESTRO TIEMPO

*** *La rebeldía "contra Dios"*. A veces pensamos que la rebeldía "atea" es una realidad típicamente reciente. Claro que hoy toma un cariz particular. Pero ha existido en toda época. En todo caso, estas frases son fiel expresión de ciertas mentalidades modernas: "Hagamos saltar nuestras cadenas, arrojemos sus grillos". Los grandes dueños del pensamiento contemporáneo, los dueños de la sospecha, no usan distinto lenguaje, cuando rechazan a Dios como "alienante", cuando reprochan a Dios encadenar la libertad y la autonomía del hombre.

La única defensa de Dios, su silencio, su sonrisa. La rebelión humana es calificada de "vana", ¡vacía! No alcanza realmente a Dios. El salmista la pone en ridículo: "el que habita en los cielos se ríe, el Señor se burla de ellos". ¡Qué ridículo hace el pobre hombre que echa flechas contra el sol... sin posibilidad de alcanzar su objetivo! La rebelión "contra Dios" no le quita siquiera la serenidad: ¡Dios se calla, no responde a los que lo atacan!

La única defensa de Dios: su Hijo sin cesar "engendrado" por El. Si Dios se calla, no es que se dé por vencido. No necesita levantar la voz. Su palabra está dicha. Y este Verbo, es su Hijo Jesucristo. En Jesús resucitado, "engendrado hoy", el proyecto de Dios triunfa. Los enemigos de Dios, el pecado, el odio, la muerte... ¡están ya vencidos! No pondrá en acción su poder contra los enemigos, de manera diferente. En el "último día" escatológico, esta victoria adquirida "ya" resplandecerá al pleno día: el amor de Dios sólo puede ser vencedor. Gracias, Señor, quiero recitar este salmo como un canto de amor hacia nosotros. En "tu Hijo", nosotros somos también "tus hijos amados".

בְּקָרְאִי עֲנֵנִי

ANGUSTIADO, SOFOCADO,

En el peligro,

Solicitado por el ambiente materialista,

Que corre hacia el vacío

EL "FIEL" ("HASSID")

— Continúa orando,

— Guardando silencio,

— Confiando en Dios.

LA "VERDADERA FELICIDAD":

Estar bajo la mirada de Dios...

Confiadamente...

PRIMERA LECTURA: CON ISRAEL

* Este salmo es la oración de un "fiel", un hombre religioso de Israel consciente de ser amado por Dios. Tal es el sentido de la palabra "Hassid": el fiel, objeto de la Alianza Divina. Ahora bien, este hombre lleno de fe, no está preservado: su oración al comienzo es jadeante... Para decir que ora, se atreve a decir que "grita" hacia Dios. Su gran angustia, es estar literalmente sofocado por los paganos que lo rodean: este paganismo, este ambiente materialista, diríamos hoy, es atrayente, aun para un fiel. Recurre entonces a una antiquísima costumbre religio-

SALMO 4

TU ME HACES REPOSAR CONFIADAMENTE

Escúchame cuando te invoco, Dios defensor mío;
tú que en el aprieto me diste anchura,
ten piedad de mí y escucha mi oración.

Y vosotros, ¿hasta cuándo ultrajaréis mi honor,
amaréis la falsedad y buscaréis el engaño?
Sabedlo: el Señor hizo milagros en mi favor,
y el Señor me escuchará cuando lo invoque.

Temblad y no pequéis, reflexionad
en el silencio de vuestro lecho;
ofreced sacrificios legítimos
y confiad en el Señor.

Hay muchos que dicen: «¿Quién nos hará ver la dicha,
si la luz de tu rostro ha huido de nosotros?».

Pero tú, Señor, has puesto en mi corazón más alegría
que si abundara en trigo y en vino.

En paz me acuesto, y en seguida me duermo,
porque tú solo, Señor, me haces vivir tranquilo.

sa usada en muchas de las religiones antiguas: "pasará una noche en el Templo", haciéndose el "huésped de Dios", esperando el favor de un "sueño profético" en que Dios le hablará.

De hecho, en el fondo de sí mismo, en su fe, escucha decir a Dios que la vida "sin Dios" es "nada", una "carrera hacia la mentira", una vida engañosa. La verdadera felicidad no está en la abundancia de bienes materiales, sino en "la intimidad con Dios": "alza sobre nosotros la lumbre de tu rostro... Diste a mi corazón más alegría que cuando abundan el trigo y el vino".

SEGUNDA LECTURA: CON JESUS

** Leyendo este salmo, pensamos necesariamente en la parábola en que Jesús pone en escena un rico campesino cuyas "cosechas y vendimias" fueron de tal magnitud, que pensó en ampliar sus graneros. Jesús, igual que el salmo, denuncia con fuerza la ilusión de los hombres que se apoyan únicamente en sus bienes materiales. "Buscad primero el Reino de Dios y su justicia y todo lo demás os vendrá por añadidura" (Lucas 12,18 - 12,31).

Jesús afirmó a menudo que la verdadera felicidad, "lo único necesario", era la vida íntima con Dios. A Marta, que se atormentaba con los quehaceres del hogar, Jesús dio como ejemplo a María, "que lo escuchaba" tranquilamente sentada junto a El (Lucas 10,42).

Más que ningún fiel, Jesús vivió la felicidad de sentir sobre El "la iluminación del rostro del Padre". "El Padre no me abandona jamás", decía (Juan 8,16).

Jesús vivió esta paz y esta confianza total en el Padre, hasta en su reposo en el sepulcro, esperando "en paz" la resurrección. "En paz me acuesto y me duermo, porque Tú me haces reposar confiadamente, Señor". Jesús hablaba de la muerte como una especie de "sueño". "Nuestro amigo Lázaro duerme, voy a despertarlo" (Juan 11,11). Finalmente la absoluta confianza en la oración, que testimonia este salmo ("El Señor me oye cuando lo invoco"), era igualmente la certeza de Jesús: "pedid y recibiréis... Golpead y se os abrirá" (Mateo 7,7).

Las numerosas correspondencias entre el salmo 4 y el evangelio, no son fortuitas; Jesús estaba realmente impregnado de esta oración. Los salmos, este salmo, era "su" oración. La oración de Jesús se prolonga en nosotros, cuando recitamos este salmo.

TERCERA LECTURA: CON NUESTRO TIEMPO

*** *La búsqueda de la felicidad.* El hombre moderno, igual que el hombre de todos los tiempos, está ávido de felicidad. Hay algo profundamente melancólico en este problema: "¿Quién nos dará la felicidad?". Esta especie de pesimismo cunde en nuestras civilizaciones occidentales, pese a apariencias contrarias. La "sociedad de consumo" produce una especie de desencanto. Bien pagado, bien alimentado, bien instruido, bien abrigado, bien alojado... El hombre sigue preguntando: "¿Quién nos dará la felicidad?". ¡Qué valiosa es la profesión de fe del salmista, que se atreve simplemente a afirmar que él es feliz, que es más feliz que todos aquellos que superabundan en bienes materiales! "¡Diste a mi corazón más alegría que cuando abundan el trigo y el vino!".

Engañarse de felicidad: la "carrera hacia la mentira". Los bienes terrenos son necesarios. Pero quien va al extremo se engaña sobre la felicidad. Estamos seguros de una cosa: ¡que esos bienes son frágiles, fútiles, engañosos, decepcionantes! El autor de este salmo opone un rechazo total a la ambición que llevamos dentro hacia esos bienes engañosos. Estigmatiza esta búsqueda desenfrenada de la "carrera hacia la mentira, el amor de la nada": corréis hacia el "vacío" cuando os dejáis absorber por los negocios... Os equivocáis sobre la verdadera felicidad. "No sólo de pan vive el hombre" (Mateo 4,4). La invitación tanto de Jesús como del salmo, es no tanto de reducir nuestros deseos, cuanto de colocarlos más alto.

Para un verdadero sueño reparador. La fórmula del salmista es pintoresca y de una elocuencia nada banal. "En paz me acuesto y me duermo"... ¡Hace de este equilibrio un signo de su "fe"! No está turbado, no está tenso, aun en medio de sus cuidados... Su secreto, es poner su confianza en Dios. Confiesa que se duerme tranquilo y que se despierta bien dispuesto, la mañana siguiente, pasada una buena noche: "me acuesto, me duermo, luego me despierto; el Señor me protege, no temo a los muchos millares que en derredor mío acampan contra mí" (Salmo 3,6), cantaba el salmo anterior, casi con las mismas palabras. Jesús, era alguien que sabía dormir, aun en medio de las fuertes tempestades, y decía que Dios cuida del trigo que crece aun cuando el agricultor duerma (Marcos 4,27).

Oración de la tarde antes de acostarse. Este salmo es tradicionalmente utilizado como oración de Completas. Es una bella oración vespertina. Decir a Dios que El es nuestro "único necesario". Hacer "silencio" haciendo callar las preocupaciones. ("Yo os digo, no os inquietéis", decía Jesús a sus discípulos. Lucas 12,22). Promover en nosotros mismos los valores de "paz", de "tranquilidad", de "felicidad". Luego entregarnos al sueño confiando que la acción misteriosa de Dios continúa en nosotros mientras dormimos. Tener "confianza" en Dios (la palabra se repite dos veces en el salmo) y sepultarse en esta muerte aparente que es el sueño, con la certeza del "despertar".

Reflexionad en lo secreto, haced silencio, no pequéis más. Al caer la tarde, es hora del balance, de la "revisión de vida". Han ocurrido quizá cosas desagradables o malas en esta jornada. Es el momento de "reflexionar", en ellas, y de "convertirse". Señor, rectifica en mí lo que no corresponde a tu amor. Perdona mis pecados.

אָמַר נָבָל בְּלִבּוֹ

DESCRIPCION DRAMATICA DEL MUNDO:

Ateísmo...

Corrupción...

Dios mismo "busca"

Un hombre inteligente,

"Que busque a Dios"

No hay ninguno...

Por el contrario, la "rapacidad" domina...

¡Se oprime a los pobres!

La "voracidad" de los ricos impíos es insaciable...

SIN EMBARGO, EL JUSTO TIENE ESPERANZA:

"Dios está con los justos"

"El es su refugio..."

"El los salvará..."

"¡El les dará la alegría!...".

NO ESTARE SIEMPRE "¡PRISIONERO!"

PRIMERA LECTURA: CON ISRAEL

* Advertimos desde el comienzo, que no se trata de juzgar a tal o cual persona; nadie puede saber si alguien es ateo, o no lo es. El comportamiento religioso externo no es prueba absoluta (Jesús decía: "no son aquellos que dicen: 'Señor, Señor', los que entrarán al Reino de los cielos"). Igualmente, comportamientos ateos exteriores pueden ocultar, a veces, una profunda relación con Dios, por la conformidad a su

SALMO 13

¡NI UN SOLO HOMBRE DE BIEN!

Dice el necio para sí:
«No hay Dios».
Se ha corrompido cometiendo abominaciones,
no hay quien obre bien.

El Señor observa desde el cielo
a los hijos de Adán,
para ver si hay alguno sensato
que busque a Dios.

Todos se extravían
igualmente obstinados,
no hay uno que obre bien,
ni uno solo.

Pero ¿no aprenderán los malhechores
que devoran a mi pueblo como pan
y no invocan al Señor?

Pues temblarán de espanto,
porque Dios está con los justos.
Podéis burlaros de los planes del desvalido,
pero el Señor es su refugio.

¡Ojalá venga desde Sión
la salvación de Israel!
Cuando el Señor cambie la suerte de su pueblo,
se alegrará Jacob y gozará Israel.

Divina Voluntad. No olvidemos esto: el juicio no nos corresponde a nosotros.

Hecha esta observación, entramos a analizar este salmo. Evidentemente, se trata del pueblo de Israel, exiliado en Babilonia, minoritario en medio de paganos triunfantes, pobre, oprimido por ricos rapaces y voraces. Ciertas dictaduras de hoy, nos pueden dar una imagen de los tiranos de otros tiempos, que ejercían su poder sin ningún escrúpulo: "cuando comen el pan, ¡es a mi pueblo al que comen!".

En medio de este pueblo de pobres, se levanta un PROFETA que grita a todos los vientos su exhortación. Primero califica al ateo de "loco", de "insensato". La mejor traducción de la palabra hebrea "nabal" sería "bruto ininteligente". Luego el profeta diagnostica la universalidad del mal: "todos descarriados, corrompidos"... (Pero para dar confianza a los pobres de Israel, anuncia la inversión de las situaciones: el mal desaparecerá, los justos serán liberados. Y la sombría requisitoria se termina por la palabra "alegría": la alegría prometida por Dios a sus fieles "a aquellos que lo buscan".

SEGUNDA LECTURA: CON JESUS

** El lector que lea este salmo por primera vez en su vida, podría extrañarse de su vehemencia, y estaría tentado de decir: esto no es cristiano... Jesús no tiene nada qué ver aquí. ¡Decir que no queda un solo hombre que busque a Dios!, ¿no es acaso una exageración oriental? Pero Jesús un día, hizo exactamente la misma pregunta dramática: "Cuando vuelva el Hijo del Hombre, ¿encontrará acaso fe sobre la tierra?" (Lucas 18,8).

Aunque este salmo nos lastime, ¿no es verdad que da en el clavo? ¿Será que estamos tan habituados al mal, que ya no lo notamos, ni en nosotros, ni en el mundo que nos rodea?

San Pablo, al comienzo de su epístola a los Romanos, incluye una larga cita de este salmo: "no hay justo, ni siquiera uno; no hay un sabio, no hay quien busque a Dios. Todos se han extraviado, todos están corrompidos; no hay quien haga el bien, no hay ni siquiera uno. Sepulcro abierto es su garganta..." (Romanos 3,10-13). Si San Pablo insiste en la universalidad y profundidad del mal, es para afirmar con igual vehemencia, la misericordia de Dios: "allí donde abundó el pecado, sobreabundó la gracia..." (Romanos 5,20). Recitar este salmo 13, es atreverse a mirar el mal de frente. Pero es sobre todo orar para poder vencerlo: "¡líbranos del mal!". Si la humanidad, sin Cristo está "perdida", Jesús hizo todo para salvarla. Las palabras finales del salmo llenas de esperanza, tienen todo su sentido en esta perspectiva de "salvación universal". "Todos extraviados... Todos salvados" ¡Tal es nuestra oración!

TERCERA LECTURA: CON NUESTRO TIEMPO

*** *El ateísmo de masa.* Al hablar de los que niegan a Dios, el profeta habla de "su tiempo"... Pero es también el nuestro. El ateísmo no es sólo una posición intelectual creada y formulada; es más bien un "ateísmo práctico": no se pierde tiempo negando la existencia de Dios, se vive como si El no existiera... Y este ateísmo abarca a "todo el mundo", inclusive a los creyentes: ¡cuántos de nuestros comportamientos se parecen a los de "nuestros hermanos incrédulos¡"... ante el sufrimiento, la muerte, el dinero, ¿no somos a veces "como aquellos que no tienen esperanza?" (1 Tesalonicenses 4,13). Si somos leales, tenemos que reconocer que muchas exigencias evangélicas fundamentales son letra muerta en nuestras vidas. ¡Oh! Cantamos un "credo"; ¡esto es fácil! "¡Profesamos nuestra fe" de labios para fuera! Esto es fácil. ¿Pero qué palabra "profesa" nuestra vida cotidiana? ¿Qué cambia nuestra fe en nuestra forma de vida? Decir "sí", y hacer "no", tal es nuestra forma de ateísmo (Mateo 21,28).

"*Queréis frustrar los consejos del desvalido, pero el Señor es su refugio*". El Dios de la Biblia repite aquí lo que no cesa de decirnos. ¡Está del lado de los pobres y de los desgraciados! Y ¿nosotros? Se trata de una lección capital que hay que escuchar. En las antiguas sociedades, Israel en particular, la riqueza estaba a menudo unida a la impiedad y el ateísmo. Por el contrario, los "pobres", por sus limitaciones aquí abajo, se inclinaban naturalmente hacia Dios, como a su "refugio", y por esto se burlaban de ellos. Evidentemente, cuando un pobre confía su suerte a Dios, su opresor está tentado de reírse en sus narices: "no hay Dios. La prueba es que yo prospero". En este salmo, y en tantos otros que lanzan el mismo grito, estamos ante nuestro mundo tal cual es, con sus asperezas, con sus voracidades monstruosas, sus desprecios. Pero Dios nos dice: quien ofende al pobre, ofende a Dios.

¡*Pero queda la esperanza, que es la más fuerte*! Son las palabras que Claudel hace cantar a Juana de Arco, sobre la hoguera, en el instante mismo en que aparentemente estaba vencida. Y en el desierto ateo de su tiempo, el salmista cantaba ya su certeza: "Dios está con los justos... El es su refugio... Hará llegar la liberación... Volver a los cautivos... Y entonces, ¡qué fiesta, qué alegría!... Señor, en medio de nuestras crisis y nuestras limitaciones, danos esta alegría.

"*¡Insensato, aquel que vive sin Dios! ¡Sensato aquel que busca a Dios!*". Este salmo opone el "*nabal*", el necio, la bruta bestia... al *Maskil*, hombre inteligente, sensato, hábil... el hombre "sensato" es aquel que comprende la obra de Dios y la contempla, aquel que "ve más lejos", que ve el "significado profundo" de los acontecimientos... Es aquel que conoce el "sentido". Sólo Dios da un verdadero sentido a la vida. Sin Dios, la vida es literal y estrictamente "insensata". Es curioso ver cómo autores contemporáneos, confirman admirablemente esta afirmación del antiguo salmo, al repetir que la vida es un "absurdo". He ahí uno de los mensajes esenciales del existencialismo sartriano. Gracias, señores, ¡hacía tiempo que lo sabíamos! Pero con Dios, ¡qué fiesta y qué alegría a la vista! "Yo sé todo", dice el necio, "¡no hay Dios!". "No sé gran cosa", dice el pequeño y humilde. Pero ¡qué alegría "creer"!

אֶרְחָמְךָ יְהוָה חִזְקִי

"¡TE AMO!" Introducción trémula de sensibilidad: letanía amorosa de nombres que el autor da a Dios (con el posesivo "¡mi!").

1. POR LA "LIBERACION"

Esta primera parte está consagrada a la "salida de Egipto",

Símbolo de todos los "combates de Dios"

Contra las potencias infernales...

Un grito en el peligro, que oye Dios.

Intervención de Dios en forma de teofanía

"EVOCACION DE SINAI"

— Temblor de tierra

— Volcanes

— Nubes amenazantes

— Figuras fantásticas

— Huracanes

— Tinieblas

— Tempestad

— Brillo deslumbrante del rayo

— Granizo y relámpagos

— Trueno

SALMO 17

ME LIBERO PORQUE ME AMA

Yo te amo, Señor; tú eres mi fortaleza;
Señor, mi roca, mi alcázar, mi libertador.

Dios mío, mi escudo y peña en que me amparo,
mi fuerza salvadora, mi baluarte.
Invoco al Señor de mi alabanza
y quedo libre de mis enemigos.

Me cercaban olas mortales,
torrentes destructores me aterraban,
me envolvían las redes del abismo,
me alcanzaban los lazos de la muerte.
En el peligro invoqué al Señor,
grité a mi Dios:
desde su templo él escuchó mi voz
y mi grito llegó a sus oídos.

Entonces tembló y retembló la tierra,
vacilaron los cimientos de los montes,
sacudidos por su cólera;
de su rostro se alzaba una humareda,
de su boca un fuego voraz,
y lanzaba carbones ardiendo.

Inclinó el cielo y bajó
con nubarrones debajo de sus pies;
volaba sobre un querubín
cerniéndose sobre las alas del viento,
envuelto en un manto de oscuridad:

como un toldo, lo rodeaban
oscuro aguacero y nubes espesas;
al fulgor de su presencia, las nubes
se deshicieron en granizo y centellas;

y el Señor tronaba desde el cielo,
el Altísimo hacía oír su voz:

— Granizo y relámpagos

— Rayos

— Relámpagos

— Marejada alta

Todas estas imágenes poéticas para expresar el poder que Dios despliega al "tender la mano...

"Salvar...

(Liberación, redención)

"¡Me ha liberado porque me ama!"

2. POR "LA ALIANZA"

Esta segunda parte está consagrada al don de la "ley" y de la Alianza recíproca:

— Tus caminos

— Tus órdenes

— Tus leyes

Trato de observar...

Estos versículos expresan la admirable "reciprocidad de amor" entre Dios y el hombre... Una verdadera "¡Alianza!".

Este versículo anuncia precisamente el "Magnificat de María", y el amor de Jesús hacia el pueblo humilde de los pobres...

Por la fortaleza de Dios (teniéndolo como "¡aliado!") soy salvado...

disparando sus saetas, los dispersaba,
y sus continuos relámpagos los enloquecían.

El fondo del mar apareció,
y se vieron los cimientos del orbe,
cuando tú, Señor, lanzaste el fragor de tu voz,
al soplo de tu ira.

Desde el cielo alargó la mano y me sostuvo,
me sacó de las aguas caudalosas,
me libró de un enemigo poderoso,
de adversarios más fuertes que yo.

Me acosaban el día funesto,
pero el Señor fue mi apoyo:
me sacó a un lugar espacioso,
me libró porque me amaba.

El Señor retribuyó mi justicia,
retribuyó la pureza de mis manos,
porque seguí los caminos del Señor
y no me rebelé contra mi Dios;
porque tuve presentes sus mandamientos
y no me aparté de sus preceptos;

le fui enteramente fiel,
guardándome de toda culpa;
el Señor retribuyó mi justicia,
la pureza de mis manos en su presencia.

Con el fiel, tú eres fiel,
con el íntegro, tú eres íntegro;
con el sincero, tú eres sincero;
con el astuto, tú eres sagaz.
Tú salvas al pueblo afligido
y humillas los ojos soberbios.

Señor, tú eres mi lámpara;
Dios mío, tú alumbras mis tinieblas.
Fiado en ti, me meto en la refriega;
fiado en mi Dios, asalto la muralla.

Perfecto es el camino de Dios,
acendrada es la promesa del Señor;
él es escudo para los que a él se acogen.

3. POR TODOS LOS COMBATES DE LA HISTORIA

Esta tercera parte está consagrada al Reino del "rey-Mesías": en la figura de David triunfante de sus enemigos, se personifica el combate escatológico del MESIAS, del enviado de Dios, contra todas las fuerzas del "mal"!

— Victorioso

Hay que
aplicar
todas
estas imágenes...

— Valiente

En los combates
de la vida.
y todas
las luchas
contra el mal...

— Libre

Los falsos dioses,
los pecados,
son vencidos,
definitivamente.

¿Quién es dios fuera del Señor?
¿Qué roca hay fuera de nuestro Dios?
Dios me ciñe de valor
y me enseña un camino perfecto;

él me da pies de ciervo
y me coloca en las alturas;
él adiestra mis manos para la guerra,
y mis brazos para tensar la ballesta.

Me dejaste tu escudo protector,
tu diestra me sostuvo,
multiplicaste tus cuidados conmigo.
Ensanchaste el camino a mis pasos
y no flaquearon mis tobillos;

yo perseguía al enemigo hasta alcanzarlo;
y no me volvía sin haberlo aniquilado:
los derroté y no pudieron rehacerse,
cayeron bajo mis pies.

Me ceñiste de valor para la lucha,
doblegaste a los que me resistían:
hiciste volver la espalda a mis enemigos,
rechazaste a mis adversarios.

Pedían auxilio, pero nadie los salvaba;
gritaban al Señor, pero no les respondía.
Los reduje a polvo, que arrebata el viento;
los pisoteaba como barro de las calles.

Me libraste de las contiendas de mi pueblo,
me hiciste cabeza de naciones,
un pueblo extraño fue mi vasallo.

Los extranjeros me adulaban,
me escuchaban y me obedecían.
Los extranjeros palidecían
y salían temblando de sus baluartes.

CONCLUSION:

"¡Viva Dios!".

David (el Mesías) no se atribuye a sí mismo esas victorias:

Dice que vienen de Dios... Pero que él ha cooperado.

Dios es el "Salvador"

Por su Mesías,
para siempre...

Sabemos que el nombre de Jesús (Yeshua en hebreo) significa "Dios-salva": ¡Este canto en su totalidad es una epopeya grandiosa y poética, en que Dios pone en acción los más formidables fenómenos cósmicos e históricos al servicio de aquellos que quiere salvar por su Mesías!

PRIMERA LECTURA: CON ISRAEL

* *A. La acción de gracias de un Rey de Israel.* El país estaba en extremo peligro: los enemigos amenazaban... Aparecía la muerte... Los "lazos mortales me rodeaban"... El pueblo de Israel quizá, iba a desaparecer. El rey (se habla aquí de David) se puso al frente de sus ejércitos y logró la victoria. Ahora, celebrando la reciente victoria, sube al Templo para ofrecer un "sacrificio de acción de gracias", y cumplir un voto que él había hecho en el momento de peligro. Está rodeado de toda la muchedumbre, de pobres (los Anawim citados en este salmo). Llega ante el altar. Empieza a cantar su acción de gracias: he ahí la puesta en escena, el revestimiento de este salmo. Estos detalles concretos tienen un significado más profundo, en forma de "parábolas".

B. Lo fundamental: acción de gracias por la liberación, por la Alianza, por toda la historia escatológica. Este salmo fue compuesto con toda seguridad después del exilio, por consiguiente, en una época en que ya no

Viva el Señor, bendita sea mi roca,
sea ensalzado mi Dios y Salvador:
el Dios que me dio el desquite
y me sometió los pueblos;

que me libró de mis enemigos,
me levantó sobre los que resistían
y me salvó del hombre cruel.

Por eso te daré gracias entre las naciones, Señor,
y tañeré en honor de tu nombre:
tú diste gran victoria a tu rey,
tuviste misericordia de tu Ungido,
de David y su linaje por siempre.

había reyes... Más admirable aún, en una época en que Israel lejos de ser vencedor, está "ocupado" y "oprimido" por los invasores.

¿Se trata de una fábula? No, porque mediante este "Midrash", esta "parábola" de David vencedor (¡los judíos no eran víctimas del género literario, épico, lírico, que empleaban!)... Los judíos celebraban no tal o cual victoria histórica, sino la "victoria escatológica", la victoria final de Dios por su Mesías: el "rey" que habla aquí, es este "rey del futuro" que establecerá el "Reino de Dios". El salmista, no conoció anticipadamente a Jesús de Nazareth, su muerte y su Resurrección, pero era a "El" a quien esperaba. Recitando este salmo, nosotros cristianos, somos fieles al pensamiento profundo del salmista. De hecho, este salmo recapitula todos los beneficios de Dios en favor de su pueblo. En la figura de David vencedor, se celebra la victoria de LA HUMANIDAD DEL MAÑANA CONTRA EL MAL MEDIANTE LA AYUDA DEL ENVIADO DE DIOS.

SEGUNDA LECTURA: CON JESUS

** *"Te amo, Señor...* Mi fuerza... Mi peña... Mi fortaleza... Mi liberador... Mi Dios... Mi roca... Mi escudo... Mi armadura de salvación... Mi ciudadela...". ¡Palabras ardientes de amor! Letanía amorosa de nombres que se dan cuando se ama. No suavicemos la fuerza de estos "posesivos" admirables: "*mi* roca, *mi* escudo...".

Todo el poder de Dios puesto al servicio de los pequeños y los pobres. "Tú salvas el pueblo de los humildes y humillas los ojos altivos". Parece escucharse anticipadamente "el Magníficat de María": "Baja de sus tronos a los poderosos, y exalta a los humildes". Y las palabras de Jesús: "Bienaventurados los pobres, el Reino de los cielos es vuestro... Bendito seas, oh Padre, que has ocultado estas cosas a los ricos y a los sabios, y las has revelado a los pequeñuelos".

En el discurso escatológico (Marcos 13,24), Jesús vuelve a utilizar el lenguaje lírico propio de la conmoción cósmica: "el sol se oscurecerá, las estrellas caerán del cielo, las potencias de los cielos se tambalearán...". Y el salmista dice: "la tierra titubea y tiembla, trueno en el cielo, granizo y centellas de fuego...". Los Semitas pensaban que todos los fenómenos que sucedían en el cielo", eran dominio reservado de Dios: relámpagos, nubes, huracanes, etc. Aún en nuestros días, el hombre no ha dominado algunos de estos fenómenos fantásticos: el rayo, el volcán, las mareas, las inundaciones, que destruyen todo a su paso, las sequías dramáticas que matan animales y plantas.

Tanto el salmista como Jesús, nos dicen que Dios pone en acción estos formidables poderes para "salvar", para "liberar" a su pueblo... Evocación de la salida de Egipto, del paso del mar Rojo, de la tormenta del Sinaí, pero sobre todo anuncio profético del "fin de los tiempos", cuando todos los dragones que aterrorizan al hombre se habrán precipitado en el mar del fuego (Apocalipsis 12.13).

La Alianza de Dios con su pueblo. En el Sinaí, Dios entregó su ley a los hebreos, como pacto de Alianza. La parte media del salmo asume el lenguaje de una "ley" de Dios, don maravilloso, medio de comunión con la voluntad Divina, un "camino" para transitar y que es el camino de Dios: "Yo soy el camino, la verdad". "Os doy un mandamiento nuevo: amaos los unos a los otros".

TERCERA LECTURA: CON NUESTRO TIEMPO

*** *Un poema antiguo.* Un amigo a quien hablaba de mi oración con los salmos me decía: "¿Orar con los salmos? Esto no es evidente...". Expresaba así, de una manera cortés y "abierta" hacia el futuro, el hecho evidente de que la mayor parte de los cristianos ha perdido la costumbre de utilizar el salterio como "libro de oración". Y no por desprecio, sino a causa de una dificultad real: el lenguaje utilizado en los salmos, pese a las buenas traducciones, sigue siendo un lenguaje del pasado, de una cultura diferente a la nuestra. Habría que ser ciego para no verlo. Quien haya leído el salmo 17 en forma ingenua, ha tenido la mejor demostración de esto.

Ha podido, en tal o cual frase "saborear" pensamientos muy cercanos a él y que ayudan a la oración: ejemplo...

"Te amo, Señor, mi fortaleza, mi liberador...

"En mi angustia, llamé, grité, y él escuchó mi voz...
"Tú salvas al pueblo de los humildes y abates los ojos altivos...
"Te alabaré entre los pueblos, Señor, celebraré tu nombre...

Pero... ¡Cuántos pensamientos extraños a nuestra cultura, y que a primera vista, nos desconciertan!, ejemplo...

"Una humareda sale de sus narices... (se trata de Dios, ¡comparado a un toro furioso que se lanza sobre cualquier cosa que se pone delante de él!).

"De su boca, un fuego devorador... De un querubín hace su cabalgadura... (¡qué Dios tan raro!).

"Lanza flechas en todo sentido, lanza rayos... (las alusiones a antiguas mitologías de dioses con rayos en sus manos son evidentes).

"Persigo a mis enemigos, los abato, caen a mis pies... Piden un salvador; nada viene. Los barro como la basura de las calles... Dios me da el desquite... (¿qué Dios es este?).

La vida es un gran combate, Dios es nuestro aliado y seremos victoriosos. Ya hemos dicho que los judíos cantaban este salmo pensando en los combates escatológicos del "descendiente de David" que debía venir. En hebreo, la palabra "extranjeros" es lo mismo que decir "falsos dioses". No traicionamos absolutamente el texto, cuando detrás de las palabras "enemigos", "agresores", ponemos "todas las potencias del mal". ¿Quién de entre nosotros no está oprimido por la enfermedad, el pecado, la muerte, la perversidad y el egoísmo, duras limitaciones, injusticias personales y colectivas? No dudemos un momento, recitemos este salmo: "persigo a mis enemigos en retirada, extermino a mis rivales... Se rinden...". No nos contentemos con exclamar esta oración en el fondo del corazón: combatamos con Jesús, hasta el día en que "no habrá más lágrimas, ni duelo, ni sufrimiento, ni pecado...".
"Te amo, Señor, mi fortaleza. Sí, te amo. ¡Sé Tú mi única fortaleza!".

יְהוָה רֹעִי:

Dos "imágenes de Dios":

1. EL BUEN PASTOR

Verdes praderas...

Fuentes de agua viva...

Seguridad en los peligros...

2. EL HUESPED GENEROSO

La mesa...
El perfume...
La copa rebosante...

La intimidad
en la Casa de Dios.

PRIMERA LECTURA: CON ISRAEL

* Este salmo del Huésped de Dios, para expresar una experiencia de intimidad con Dios, utiliza dos imágenes universales: el pastizal... el festín... (el Pastor... y el huésped...). En los países en que la vida está en armonía con la naturaleza, este lenguaje es poético.

El tema del "Pastor" aparece constantemente, en la Biblia. Los judíos vivían en una civilización rural y hasta cierto punto nómada. Para un hombre cuyo rebaño es la principal riqueza, toda la vida está "polariza-

SALMO 22

TU ESTAS CONMIGO

El Señor es mi pastor, nada me falta:
en verdes praderas me hace recostar;

me conduce hacia fuentes tranquilas
y repara mis fuerzas;
me guía por el sendero justo,
por el honor de su nombre.

Aunque camine por cañadas oscuras,
nada temo, porque tú vas conmigo:
tu vara y tu cayado me sosiegan.

Preparas una mesa ante mí
en frente de mis enemigos;
me unges la cabeza con perfume,
y mi copa rebosa.

Tu bondad y tu misericordia me acompañan
todos los días de mi vida,
y habitaré en la casa del Señor
por años sin término.

da" por su cuidado: encontrar verdes praderas, conducir a las ovejas al abrevadero, hacer reposar el rebaño bajo la sombra, conocer los senderos seguros y evitar los pasajes peligrosos, proteger con el bastón los ataques de las fieras. Dios es presentado como este "Pastor" diligente: Ezequiel 34 - Oseas 4,16 - Jeremías 23,1 - Miqueas 7,14 - Isaías 40,10; 49,10; 63,11.

El tema del "huésped" es también universal. Cuanto más sencillas son las civilizaciones, más sentido de hospitalidad tienen los hombres. Cuanto más pobre, más generoso, ordinariamente. Aquí, la hospitalidad se resume en tres detalles concretos: la mesa con abundantes alimentos, la copa desbordante en la mano, el aceite perfumado que se echa en la cabeza para refrescar el visitante que llega, del sol abrasador. En la Biblia, este tema se aplica también constantemente a Dios: el tema del Templo, considerado "Casa de Dios" en la que se quiere habitar, como los levitas, que tenían la fortuna de pasar su vida en la Casa de Dios. No olvidemos que el Templo de Jerusalén era el lugar de los sacrificios rituales: los animales inmolados, ofrecidos a Dios (asados al fuego, que simbolizaba justamente a Dios), eran cocidos, y distribuidos entre los fieles en forma de "comida sagrada". En Israel, la "mesa" y la "copa" no eran solamente un símbolo, eran realmente un festín sagrado.

SEGUNDA LECTURA: CON JESUS

** Jesús debió recitar este salmo con especial fervor. Releámoslo en esta perspectiva, imaginándonos que lo pronuncia Jesús en persona: "Nada me falta.. El Padre me conduce... Aunque tenga que pasar por un valle de muerte, no temo mal alguno... Mi copa desborda... Benevolencia y felicidad sin fin... Porque Tú, Oh Padre, estás conmigo...". ¿Quién mejor que Jesús, vivió una intimidad amorosa con el Padre, su alimento, su mesa (Jn 4,32.34)?

Jesús se identificó varias veces con este pastor, que ama a sus ovejas y que vela amorosamente sobre ellas: "Yo soy el Buen Pastor" (Juan 10,11). La tonalidad íntima de este salmo, hace pensar en "una oveja", la única oveja que se siente mimada por el Pastor: "El Señor es mi Pastor, nada me falta". Esto evoca la solicitud de que habla Jesús cuando no duda un momento en "dejar las 99 para ir a buscar la única oveja perdida" (Mateo 18,12). Este mismo clima de "intimidad" evocará San Juan para hablar de la unión con Cristo Resucitado, retomando la imagen de la mesa servida: "entraré en su casa para cenar con El, yo cerca de El y El cerca de mí" (Apocalipsis 3,20).

Los primeros cristianos cantaron mucho este salmo que lo consideraron como el salmo bautismal por excelencia: este salmo 22 se leía a los recién bautizados, la noche de Pascua, mientras subían de la piscina de inmersión de "aguas tranquilas que los hicieron revivir"... Y se dirigían hacia el lugar de la Confirmación, en que se "derramaba el perfume sobre su cabeza"... antes de introducirlos a su primera Eucaristía, "mesa preparada para ellos". Bajo estas imágenes pastorales de "majada" como telón de fondo, tenemos una oración de gran profundidad teológica y mística; Jesucristo es el único Pastor que procura no falte nada a la humanidad... El nos hace revivir en las aguas bautismales... Nos infunde su Espíritu Santo... Nos preparó la mesa con su cuerpo entregado... Y la copa de su Sangre derramada... El conduce a los hombres, más allá de los valles tenebrosos de la muerte, hasta la Casa del Padre en que todo es gracia y felicidad.

TERCERA LECTURA: CON NUESTRO TIEMPO

*** *Felicidad.* El hombre moderno parece tener vergüenza de ser feliz, cuando lo está, y busca ávidamente esta felicidad, cuando no la tiene. Quizá ocurra esto, porque sabemos del gran número de hombres y mujeres que sufren de hambre, de miseria, de subdesarrollo, de falta de cuidados médicos. No se puede ser feliz aisladamente. ¿Pero hay que renunciar por esto, a la "alegría interior"? El hermano Roger, superior de Taizé, invita constantemente a los cristianos por una parte, a luchar contra el mal, y por otra a la "fiesta sin fin": "descubrimos, escribe, en el fondo de nuestro ser, el Cristo Resucitado, ¡El es nuestra fiesta! Conocer los dramas del presente, las guerras, las minorías raciales maltratadas, es intolerable... Porque el hombre, para nosotros, es sagrado. ¿Cómo quedarse con los brazos cruzados, ante el hombre víctima del hombre? Pero en la sed de participar en una mayor justicia, ¿iríamos hasta renunciar a la fiesta íntima que se ofrece a todo cristiano? Sólo nos quedaría doblegarnos bajo el peso de la desesperación y proponer a la humanidad entera nuestra tristeza. ¿Vivir la fiesta, sería óbice para combatir y luchar por la justicia? Al contrario. La fiesta no es una simple euforia pasajera. Está animada por Cristo, en hombres y mujeres plenamente lúcidos sobre la situación del mundo y capaces de asumir los acontecimientos más graves...".

Sí, ¡hay una especie de "deber de ser feliz"! A condición de que esta felicidad se ponga en lo esencial y se quiera para todos.

La intimidad con Dios. Sería grave, que los cristianos aparecieran como gente desesperada y triste, ellos que tienen el secreto fantástico de la plena alegría: la humanidad avanza hacia Dios, felicidad infinita. ¿Por qué no comenzar de inmediato? "Sólo bondad y benevolencia me acompañan todos los días de mi vida; y moraré en la Casa del Señor todos los días de mi vida". El clima árido "de la sociedad de consumo" lleva a muchos jóvenes y menos jóvenes a la búsqueda de "fuentes frescas". El hombre no vive solamente de pan ni de supermercados, ni de placeres... Hoy descubre alegrías más profundas. La experiencia de la "vida con" Dios hace parte de estas alegrías secretas: "porque Tú estás conmigo"... "Nada me falta", cuando vivo esta experiencia.

Vuelta a la naturaleza. Es esta una de las aspiraciones del hombre moderno. "Mirad las flores del campo", decía Jesús. Este salmo nos invita a mirar las praderas, las fuentes, los trabajos pastoriles, la mesa en que recibimos a los amigos, las casas que nos alojan. Muchas alegrías inocentes están a nuestro alcance. ¿Por qué no aprovecharlas? ¿Por qué no proporcionarlas a los demás?

בְּיָדְךָ אַפְקִיד רוּחִי

Primera Parte:

SUPLICA DE UN INOCENTE QUE SUFRE

Estoy humillado...

Estoy solo...

Segunda Parte:

ORACION INTIMA DE UN AMIGO DE DIOS

Y sin embargo: sigo confiando en Ti...
Sálvame por tu amor...

¡Qué grandes son tus favores!

Tú colmas a los que te adoran...
Bendito sea Dios, cuyo amor hace maravillas...

Fui culpable, Señor, al dudar de Ti,
Sin embargo, sabía que Tú escuchabas mi oración:
"En tus manos, encomiendo mi espíritu".

¡Cuantos esperáis en el Señor,
esforzaos y fortaleced vuestro corazón!

SALMO 30

EN TUS MANOS ENCOMIENDO MI ESPIRITU

En tus manos encomiendo mi espíritu;
tú el Dios leal nos librarás.
Soy la burla de todos mis enemigos
la irrisión de mis vecinos,
el espanto de mis conocidos:
me ven por la calle y escapan de mí.
Me han olvidado como a un muerto,
me han desechado como a un cacharro inútil.
Oigo las burlas de la gente
y todo me da miedo,
se conjuran contra mí
y traman quitarme la vida.

Pero yo confío en ti, Señor,
te digo: "tú eres mi Dios".
En tu mano está mi destino:
líbrame de los enemigos que me persiguen;
haz brillar tu rostro sobre tu siervo,
sálvame por tu amor.

¡Qué bondad tan grande, Señor,
reservas para tus fieles
y concedes a los que a ti se acogen
a la vista de todos!

Bendito el Señor que ha hecho por mí
maravillas de misericordia
en la ciudad amurallada.

Yo decía en mi ansiedad:
"me has arrojado de tu vista"
pero tú escuchaste mi voz suplicante
cuando yo te gritaba.

Sed fuertes y valientes de corazón
los que esperáis en el Señor.

PRIMERA LECTURA: CON ISRAEL

* Este salmo 30 se canta el Viernes Santo, ya que Jesús en la cruz, tomó de él, su "última palabra" antes de morir: "*En tus manos, Señor, encomiento mi Espíritu*" (Lucas 23,46). Pero todo el salmo se aplica perfectamente a Jesús crucificado. Para hacer esta aplicación personal, Jesús no tuvo necesidad de forzar el sentido. Efectivamente, el salmo, antes de que Jesús se lo apropiara en su oración personal, era ya una doble oración: — El comienzo es la súplica de un acusado inocente, de un enfermo, de un moribundo, expuesto a la persecución: es un maldito, excluido de la comunidad, y "que produce miedo en sus amigos" porque se lo considera como embrujado por malos espíritus... Se huye de él como de un apestado... ¿Será su mal contagioso? — Pero la parte final del salmo es la dulce oración de intimidad de un huésped de Yahveh: a pesar de las acusaciones injustas de que es objeto este moribundo, continúa cantando la felicidad de su vida de intimidad con Dios: "Me confío en Ti, Señor... Mis días están en tus manos... Tu amor ha hecho para mí maravillas... ¡Tú colmas a aquellos que confían en Ti!".

SEGUNDA LECTURA: CON JESUS

** "*Soy el hazmerreír de mis adversarios...*". Fariseos, Escribas, bribones... se burlaban de El. No se contentaron con matarlo, se ensañaron y lo envilecieron, entregándolo a los ultrajes humillantes de la soldadesca... El motivo mismo de la condenación era una burla de desprecio, escrita en tres idiomas: "Jesús Nazareno, ¡Rey de los judíos!".

"*Huyen de Mí... Mis amigos me tienen miedo...*". A pocas horas de la Ultima Cena tomada con ellos, los apóstoles todos huyeron en el momento del arresto en Getsemaní...

"*Oigo las burlas de la gente; se ponen de acuerdo para quitarme la vida...*". Escuchamos a las multitudes excitadas por sus jefes pedir su muerte: "¡que lo crucifiquen! ¡Qué su sangre caiga sobre nosotros y sobre nuestros hijos!". La muerte que deseamos para nuestros seres queridos, para nosotros mismos es la muerte apacible, rodeados por aquellos que nos aman. ¡Qué fortuna para un moribundo, cuyos últimos instantes transcurren mano sobre mano con la persona amada! Jesús, por el contrario, estuvo rodeado de rostros airados.

"*Me han olvidado como a un muerto, como a un cacharro inútil...*". Expresiones de una violencia inaudita. No, la muerte de Jesús no fue una muerte "natural"... Fue una muerte "de desprecio", la muerte de los esclavos y de los condenados, "como una cosa"... que se puede, si se quiere, "clavar".

"Sin embargo, confío en Ti, Señor, y digo: ¡Tú eres mi Dios!". Hace bien pensar que Jesús tenía la costumbre de este ritmo de oración en dos tiempos, que estructuran tantos salmos: a la "lamentación" sigue "la acción de gracias". Volvemos a encontrar el ritmo del salmo 21, que comienza en la "derrelección" y termina en la alegría de la "Eucaristía jubilosa".

"*En tu mano está mi destino*... En tus manos encomiendo mi espíritu". Estas palabras del salmo afloraron espontáneamente en sus labios... Antes de entrar en el "sueño de la muerte". Y la Iglesia en el oficio de "Completas", nos sugiere repetir cada tarde, antes de acostarnos: ponernos en las manos del Padre.

"*Sálvame por tu amor... Bendito sea Dios, su amor ha hecho en mí maravillas...*". En el texto hebreo, aparece la famosa palabra "Hessed", el amor. La resurrección está próxima, Jesús lo sabe. ¿Cómo podría olvidarlo en este instante?

"*Sed fuertes y valientes de corazón todos cuantos esperáis en el Señor...*" Jesús tenía conciencia de que no moriría para El solo. Se dirige a todos. El es "el icono" de todo hombre que muere: "ánimo", nos dice.

TERCERA LECTURA: CON NUESTRO TIEMPO

*** Habiendo puesto este salmo "en labios" de Jesús, hay que ponerlo "en nuestros propios labios", repetirlo por cuenta nuestra, y para el mundo de hoy.

¡Hay tantos enfermos, en los hogares y en los hospitales! ¡Tantos perseguidos, tantos despreciados, tantas personas consideradas como "cosas"! ¡Tantos aislados, abandonados! Pero vayamos hasta el fin del salmo, y repitamos también la acción de gracias.

אַשְׁרֵי מַשְׂכִּיל אֶל־דָּל

ORACION DE UN ENFERMO

"Bienaventurado aquel que penetra
el misterio del "débil", del "enfermo".

"SEÑOR, ¡TEN PIEDAD DE MI!"

Los hombres, mis enemigos,
son despiadados, desean mi desaparición.

Aun mi mejor "amigo" me ha traicionado.

PERO TU, SEÑOR...

Sabré que me amas.

Me "guardarás" en tu presencia...

SALMO 40

SABER QUE TU ME AMAS

Dichoso el que cuida del pobre y desvalido;
en el día aciago lo pondrá a salvo el Señor.

El Señor lo guarda y lo conserva en vida,
para que sea dichoso en la tierra,
y no lo entrega a la saña de sus enemigos.

El Señor lo sostendrá en el lecho del dolor,
calmará los dolores de su enfermedad.

Yo dije: «Señor, ten misericordia,
sáname, porque he pecado contra ti».

Mis enemigos me desean lo peor:
«A ver si se muere y se acaba su apellido».

El que viene a verme habla con fingimiento,
disimula su mala intención,
y cuando sale afuera, la dice.

Mis adversarios se reúnen a murmurar contra mí,
hacen cálculos siniestros:
«Padece un mal sin remedio,
se acostó para no levantarse».

Incluso mi amigo, de quien yo me fiaba,
que compartía mi pan, es el primero en traicionarme.

Pero tú, Señor, apiádate de mí,
haz que pueda levantarme,
para que yo les dé su merecido.

En esto conozco que me amas:
en que mi enemigo no triunfa de mí.

A mí, en cambio, me conservas la salud,
me mantienes siempre en tu presencia.

TE DOY GRACIAS...

PRIMERA LECTURA: CON ISRAEL

* Este salmo comienza con una "Bienaventuranza": Dichoso el que cuida del pobre y desvalido...". Y termina con una acción de gracias: "Bendito seas para siempre...". Sin embargo, la situación es dramática. Puede interpretarse bajo dos aspectos.

Primero escuchamos la queja de un "enfermo" en el último grado de "debilidad". Lo peor de todo, en su situación, es que se siente rodeado de malevolencia: los malvados cuchichean a media voz junto a él, deseando su muerte, multiplicando las palabras mágicas, los sortilegios dotados de cierta eficacia según las civilizaciones primitivas y precientíficas...

Bajo este "revestimiento" oímos a "Israel", esta pequeña nación "débil y pobre", "enferma por sus pecados", constantemente amenazada por los maleficios de sus poderosos vecinos paganos que la cercan y quieren su muerte.

Esta oración final de confianza y acción de gracias alcanza un valor universal: "Señor, ten piedad de mí, porque he pecado contra ti...

SEGUNDA LECTURA: CON JESUS

** Con la certeza de que Jesús oró con estos salmos, busquemos puntos de contacto entre éstos y el Evangelio. Es emocionante, descubrir en la

Bendito el Señor, Dios de Israel,
ahora y por siempre. Amén, amén.

boca de Jesús, "citas" explícitas. Jesús citó un versículo de este salmo para explicar a sus amigos la traición de Judas: "Así se cumplió la Escritura que dice: el que come mi pan, levantó contra mí su calcañar" (Juan 13, 18). Efectivamente, Judas, su "amigo", estaba aquella tarde con Jesús a la mesa, y recibió de El el pan.

Pero no es la única relación posible. Segundos más tarde, Jesús formuló una "Bienaventuranza" muy semejante a aquella con que comienza el salmo. Quien se había puesto a los pies de sus hermanos para servirlos, declaraba: "Si esto aprendéis, seréis dichosos si lo practicáis" (Juan 13,17). ¿No es ésta una reminiscencia del salmo, que declara "feliz" a quien se pone al servicio de los pobres y los débiles? Esto expresó Jesús, casi en iguales términos diciendo: "Bienaventurados los misericordiosos, porque ellos alcanzarán misericordia".

Finalmente, esa misma tarde del Jueves Santo, víspera de su muerte, como en la estrofa final del salmo "dio gracias" en su "Eucaristía": Jesús no se quedó en la dolorosa queja del hombre que teme la muerte, fuertemente expresada en este salmo (y por Jesús en su agonía), sino que cantó también su agradecimiento por la certeza de la resurrección. Las palabras del salmo toman una tonalidad nueva, si las ponemos en labios de Jesús: "... Tú Señor, levántame... en esto conoceré que te complaces en mí, en que no triunfe mi enemigo sobre mí... Y tú me mantendrás incólume y me guardarás por siempre en tu presencia... Bendito sea el Señor, por los siglos de los siglos".

Una vez más, vemos hasta qué punto los salmos encuentran su realización y pleno sentido en la persona de Jesucristo.

TERCERA LECTURA: CON NUESTRO TIEMPO

*** Nadie puede ocupar nuestro lugar para "actualizar" esta oración. Cada uno, partiendo de su propia situación de vida debe personalizar este salmo. El "enfermo", es obvio, se reconocerá fácilmente. Pero también el "pecador" que se siente prisionero y cercado por sus malos hábitos. En Cuaresma, la Iglesia adopta este sentido, sugiriéndonos como antífona uno de los versículos: "Sáname, Señor, porque pequé contra Ti". Muchos otros pueden sentirse aludidos por este salmo: Quien se siente "de sobra", quien se siente rodeado de gentes malévolas, quien ha sido traicionado, quien es agredido por un ateísmo o un paganismo triunfantes, quien se siente ridiculizado por su rectitud, etc...

Conservar la esperanza por todo y contra todo. Si estamos enfermos, o agredidos no importa por qué desgracia, la única seguridad está "en Dios": "¡Sí, sabré que Tú me amas!". Es normal que pidamos, ser liberados, como lo hace el salmista. Pero Jesús no fue la excepción, fue "traicionado por su amigo", y sus enemigos vieron sus deseos aparentemente realizados: "¿Cuándo morirá y se borrará su nombre?". Sin embargo la Resurrección de Jesús nos da una esperanza paradójica: seremos "restablecidos en presencia de Dios".

El drama de la comunicación interrumpida. "Incluso mi amigo, de quien yo me fiaba, que compartía mi pan, es el primero en traicionarme". ¡Cuántos hombres y mujeres viven hoy día esta situación devastadora! Se prometen fidelidad, juntos comienzan una obra, se prometen confianza... y luego todo cae. ¿Por qué, Señor, los amigos se convierten en enemigos? ¿Por qué, Señor, después de ser íntimos amigos llegan a odiarse? ¿Por qué hermanos y hermanas llegan a no hablarse más? ¿Por qué ciudadanos de un mismo país no tienen comunicación ni diálogo? ¿Por qué los hijos se rebelan y se oponen contra sus padres? No juzguemos a nadie. Pero el mandamiento de Jesús sigue siendo de gran actualidad: "Amáos... Amad a vuestros enemigos...".

Bienaventurado el que se preocupa por el necesitado y el desvalido. En el contexto de una pobre humanidad "quebrantada", "herida", "enferma", cobra valor la maravillosa bienaventuranza del hombre que comprende el misterio del sufrimiento, lo soporta, y se compromete en el servicio de aquellos que sufren: "Bienaventurado el que piensa en el pobre y el desvalido". Nuestro mundo moderno, marcado por nuevas y dolorosas llagas tiene también la preocupación global de ayudar a los más pobres, de cuidar a los enfermos, de promover la dignidad de los más desfavorecidos. Recitar este salmo, es reconocer este inmenso esfuerzo "social" emprendido hoy por tantas personas y servicios públicos... Es sobre todo, tomar parte en este esfuerzo, mediante nuestra participación financiera, nuestros servicios, nuestra profesión, las visitas a aquellos que pasan la dura prueba. Tal es, en definitiva, el proyecto de Dios.

SALMOS 41-42

MI ALMA TIENE SED DE DIOS

SALMO 41

Como busca la cierva
corrientes de agua,
así mi alma te busca
a ti, Dios mío;

tiene sed de Dios,
del Dios vivo:
¿cuándo entraré a ver
el rostro de Dios?

Las lágrimas son mi pan
noche y día,
mientras todo el día me repiten:
«¿Dónde está tu Dios?»

Recuerdo otros tiempos,
y mi alma desfallece de tristeza:
cómo marchaba a la cabeza del grupo,
hacia la casa de Dios,
entre cantos de júbilo y alabanza,
en el bullicio de la fiesta.

¿Por qué te acongojas, alma mía,
por qué te me turbas?
Espera en Dios, que volverás a alabarlo:
«Salud de mi rostro, Dios mío».

Cuando mi alma se acongoja,
te recuerdo,
desde el Jordán y el Hermón
y el Monte Menor.

Una sima grita a otra sima
con voz de cascadas:
tus torrentes y tus olas
me han arrollado.

De día el Señor
me hará misericordia,
de noche cantaré la alabanza
del Dios de mi vida.

Diré a Dios: Roca mía,
¿por qué me olvidas?
¿Por qué voy andando, sombrío,
hostigado por mi enemigo?

Se me rompen los huesos
por las burlas del adversario;
todo el día me preguntan:
«¿Dónde está tu Dios?».

¿Por qué te acongojas, alma mía,
por qué te me turbas?

Espera en Dios, que volverás a alabarlo:
"Salud de mi rostro, Dios mío".

SALMO 42

HASTA TU MORADA

Hazme justicia, ¡oh Dios!, defiende mi causa
contra gente sin piedad,
sálvame del hombre traidor y malvado.

Tú eres mi Dios y protector,
¿Por qué me rechazas?
¿Por qué voy andando sombrío,
hostigado por mi enemigo?

Envía tu luz y tu verdad:
que ellas me guíen
y me conduzcan hasta tu monte santo,
hasta tu morada.

Que yo me acerque al altar de Dios,
al Dios de mi alegría;
que te dé gracias al son de la cítara,
Señor, Dios mío.

¿Por qué te acongojas, alma mía,
por qué te me turbas?
Espera en Dios que volverás a alabarlo:
"Salud de mi rostro, Dios mío".

PRIMERA LECTURA: CON ISRAEL

* En la Biblia hebrea esta "súplica" única está dividida en dos salmos (41 y 42). Se trata sin embargo de un solo poema en tres partes, terminadas cada una por el mismo estribillo.

El tema de la oración, es el "deseo de ver a Dios", el "deseo de encontrar a Dios en su Templo". Y para dramatizar este tema Israel se diseña en la figura de un "levita, servidor del Templo, exiliado lejos de la Casa de Dios, privado de las bellas ceremonias de antaño, sumergido en la desesperación, rodeado de enemigos paganos que se burlan de él: ¿dónde está tu Dios?".

La época debía ser muy difícil, el ateísmo debía estar triunfante para desembocar en esta "turbación", en este callejón sin salida. Sin embargo el hombre (el pueblo) que ora aquí se incorpora valerosamente de la duda que lo agobia: el deseo de superación domina sobre todo, y se expresa en el estribillo: "¿por qué gemir? Espera en Dios. Nuevamente daré gracias...".

SEGUNDA LECTURA: CON JESUS

** "Como busca la cierva corrientes de agua..., así mi alma te busca, Dios mío...". Jesús se presentó como quien venía a calmar esta sed. "De pie en el Templo, Jesús gritó en alta voz: si alguien tiene sed, venga a Mí y beba. El que cree en Mí, según dice la Escritura, ríos de agua viva correrán de su seno. Esto dijo del Espíritu que habían de recibir los que creyeran en El, pues aún no había sido dado el Espíritu, porque Jesús no había sido glorificado" (Juan 7, 37-39).

El deseo ardiente de "estar en la Casa de Dios", la "nostalgia de la presencia", el "sufrimiento del exilio"... Jesús vivió intensamente estos sentimientos y se atrevió a expresarlos públicamente ante sus apóstoles: "Generación incrédula y perversas, ¿hasta cuándo estaré con vosotros? ¿Hasta cuándo tendré que soportaros?" (Mateo 17,17). Este salmo ayuda a comprender, cómo Jesús que amaba profundamente al Padre, sufría al estar "lejos de El", y "rodeado de incrédulos". Igual significado daba a la muerte: "Si me amárais, os alegraríais porque vuelvo al Padre" (Juan 14,28).

Los primeros comentaristas cristianos, los Padres de la Iglesia primitiva, aplicaron este salmo a Jesús, perseguido por proclamarse el "Hijo de Dios". 'Ultrajado por mis opresores, quebrantaban mis huesos, diciendo continuamente: ¿Dónde está tu Dios?". De igual manera sus enemigos se burlaban de Jesús en la cruz: "Si Dios lo ama, ¡que lo salve!" (Mateo 27,43). Una vez más la mejor manera de orar con los salmos, es orar "con Jesús".

TERCERA LECTURA: CON NUESTRO TIEMPO

*** *¿Dónde está vuestro Dios?* Esta pregunta es muy moderna. Todo creyente, en nuestros días, está rodeado de incrédulos. En muchos medios escolares, los jóvenes que creen en Dios son minoría, espiritualmente aislados. Lo mismo ocurre en numerosos medios de trabajo. El Padre Loew, en su libro titulado "Como si viera lo invisible", describe este desierto espiritual en el que tenemos que vivir: "Todo está pensado, organizado fuera de Dios: Dios es socialmente un ausente, no hay ni siquiera anticlericalismo, sino una indiferencia cortés y fría: ¿Dios? ¿Qué tiene qué ver eso conmigo? Dios es algo semejante a estas cartas que nos regresan con este membrete: "Desconocido, ya no vive en la dirección indicada". Sí, quien cree de verdad en Dios, se siente herido en su amor, a fuerza de verlo ridiculizado, relegado al cuarto de San Alejo, olvidado... Considerado como un vestigio del pasado".

En este contexto, el que hace verdadera oración es algo original.

Estar prendado de Dios, en medio de una generación que no "conoce a Dios". "Los hombres se admiraron durante largos siglos de que hubiera espíritus fuertes que se atrevieran a pensar que Dios "no les dijera nada". En adelante, se admirarán de que haya seres inexplicablemente poseídos por la pasión de Dios. Así como los primeros eran en otro tiempo vilipendiados por una sociedad que pretendía ser creyente, estos últimos serán tratados con conmiseración por una sociedad incrédula... Si tú eres uno de ellos, nunca sabrás claramente por qué para ti, "Dios significa algo". ¡Es así, dirás! Si no experimentas deseos de defenderte... Si día y noche te interpela la Presencia... Si interiormente te sientes obligado a decir: sin embargo El es, El es Amor... Sabrás que llevas un secreto que no es solamente el tuyo, un secreto con dimensiones más vastas que el universo... ¡al que los demás dan o no importancia! Sabrás que eres el ínfimo contestatario que, por tu sola existencia, y por tu oración, impides que las filosofías, las ciencias, las sociedades, arruinen su sistema de una vez por todas" (A. M. Besnard).

¿Dónde está tu Dios? - No puedo mostrártelo, pero espero hacerlo el día de la manifestación gloriosa del Señor... Cuando tú también lo verás. Mientras tanto, ¡si supieras qué feliz soy de conocerlo y amarlo ya!

De nuevo daré gracias, ¡Dios, toda mi alegría! "Mi alegría, nadie podrá quitárosla", decía Jesús. Lo decía el Jueves, víspera de su muerte, anunciando el don de "su Espíritu".

רָחַשׁ לִבִּי דָּבָר טוֹב

EL ESPOSO, EL REY...

Hermoso

Gentil

Bendecido por Dios

Responsable de los combates de Dios:

Es decir
justicia, clemencia, verdad.

Seguro de la victoria

Partícipe de las prerrogativas divinas:

Justicia, rectitud, bondad.

Consagrado (ungido) por Dios

en un esquema encantador

"¡Un gran amor!"

LA ESPOSA, LA REINA...

Bella

Prosternada ante el rey

SALMO 44

TU DIOS TE HA CONSAGRADO

Me brota del corazón un poema bello,
recito mis versos a un rey;
mi lengua es ágil pluma de escribano.

Eres el más bello de los hombres,
en tus labios se derrama la gracia,
el Señor te bendice eternamente.

Cíñete al flanco la espada, valiente:
es tu gala y tu orgullo;
cabalga victorioso por la verdad y la justicia,
tu diestra te enseñe a realizar proezas.
Tus flechas son agudas, los pueblos se te rinden,
se acobardan los enemigos del rey.

Tu trono, ¡oh Dios!, permanece para siempre;
cetro de rectitud es tu cetro real;
has amado la justicia y odiado la impiedad:
por eso el Señor, tu Dios, te ha ungido
con aceite de júbilo entre todos tus compañeros.

A mirra, áloe y acacia huelen tus vestidos,
desde los palacios de marfiles te deleitan las arpas.
Hijas de reyes salen a tu encuentro,
de pie a tu derecha está la reina
enjoyada con oro de Ofir.

* * *

Escucha, hija, mira: inclina el oído,
olvida tu pueblo y la casa paterna:
prendado está el rey de tu belleza:
póstrate ante él, que él es tu señor.
La ciudad de Tiro viene con regalos,
los pueblos más ricos buscan tu favor.

Sonriente y buena

Gloriosa

Elegante,

Ataviada
Festiva

Asegura la descendencia

para siempre

PRIMERA LECTURA: CON ISRAEL

* Es un salmo real, que celebra la entronización de un nuevo rey y su matrimonio. Encontramos aquí las maravillosas hipérboles y los colores vivos de las cortes orientales. El rey es investido de su misión, pero no solamente de una misión humana. Su combate no es cualquier combate. Es el "combate de Dios": por la justicia, la clemencia, la verdad... El rey es defensor de los pobres y destructor del mal. Elevándolo a su trono, y dándole el cetro, se le recuerda su programa de gobierno: amar la justicia, y reprobar el mal.

La reina, por su parte, es presentada en medio del fasto de las fiestas orientales, en un decorado propio de las "Mil y una noches". Sobre la primera línea del salmo aparecían estas palabras: "Canto de amor". Este canto se asemeja mucho a otro canto de amor que es, el Cantar de los Cantares.

Ya entra la princesa, bellísima,
vestida de perlas y brocado;
la llevan ante el rey, con séquito de vírgenes,
la siguen sus compañeras:
las traen entre alegría y algazara,
van entrando en el palacio real.

* * *

«A cambio de tus padres tendrás hijos,
que nombrarás príncipes por toda la tierra».

Quiero hacer memorable tu nombre
por generaciones y generaciones,
y los pueblos te alabarán
por los siglos de los siglos.

SEGUNDA LECTURA: CON JESUS

** Este "canto de amor", este "canto de bodas", Jesús lo cantó, sin cesar en su corazón. Lo sugieren las numerosas semejanzas con el Evangelio y el Nuevo Testamento. Quien recite este salmo, piense que estuvo en labios de Jesús.

"Tu Dios, te ha ungido con aceite de júbilo más que a tus compañeros..." Desde su primer comentario de la Biblia, en la Sinagoga de Nazareth, Jesús se aplicó el título de "ungido" (Christos en griego): "el Espíritu del Señor está sobre Mí, pues, me ha ungido para anunciar la Buena Nueva a los pobres" (Lucas 4,18). La epístola a los hebreos, (Hebreos 1,9) cita expresamente este salmo a propósito de Jesús. Lo que "impregna" el Cuerpo de Cristo como un aceite penetrante, es el Espíritu de Dios. El Evangelio trae también varias escenas de "unción" hechas en el Cuerpo de Jesús: la pecadora que unge los pies de Jesús con el aceite perfumado (Lucas 7,38)... La mujer que rompió un vaso de alabastro y derramó sobre la cabeza de Jesús un perfume de nardo de gran precio (Mateo 26,7). "A mirra, áloe y acacia huelen tus vestidos", dice el salmo.

"Al REY recito mis versos... Tu trono es divino, un trono eterno...". Jesús, rehusó hacerse rey según las normas terrenas (Juan 6,15). "Los reyes de la tierra dominan, que esto no suceda entre vosotros" (Mateo 20,25)... Por otra parte reivindicó la realeza en forma original, a la hora de ser escarnecido y condenado a muerte como un blasfemo y crucificado como un "esclavo" (Juan 18,37). Esta realeza de Jesús, como la del salmo, es "dar testimonio de la verdad" (Juan 18,37). Y combatir el mal: "los ángeles recogerán de su reino todos los escándalos y a todos lo obradores de iniquidad" (Mateo 13,41). El gran combate del rey es su Pasión gloriosa: "Viene el príncipe de este mundo... ¡Pero tened confianza! El príncipe de este mundo ha sido ya condenado... Yo he vencido al mundo..." (Juan 12,31-14,30-16,11-16,33).

"Las nupcias del rey... La esposa predilecta...". Este tema podría considerarse folklórico, extraño a Jesús, el célibe. Ahora bien, este tema es central en el pensamiento de Jesús: Jesús es un enamorado, un esposo... En El, Dios desposó a la humanidad en una "Alianza" nueva y eterna (Mateo 26,28). Jesús tomó explícitamente esta admirable imagen que aparece a lo largo de la Biblia, murmurando que Dios "ama a su pueblo" con un amor de novio, de prometido, en las buenas y en las malas. Cuando le reprocharon, que sus discípulos eran gente fiestera respondió: "¿por ventura pueden los compañeros del novio llorar mientras está el novio con ellos?" (Mateo 9,15, Juan 3,29). "El Reino de Dios es semejante a un rey que celebraba las bodas de su hijo". (Mateo 22,2). "El reino de Dios es semejante a diez doncellas que tomaron sus lámparas y salieron al encuentro del esposo" (Mateo 25, 1-13).

Al celebrar un "sacramento del Matrimonio", no olvidemos que este misterio "es grandioso porque representa a Cristo y la Iglesia" (Efesios 5,31-32). Sí, Cristo y la Iglesia "forman una sola carne", un solo cuerpo. No podemos entonar "este canto de amor" que es el salmo 44, sin mencionar la revelación de San Pablo: "Maridos, amad a vuestras mujeres, como Cristo amó a la Iglesia y se entregó por ella (¡nada más y nada menos!), para santificarla, purificándola, mediante el lavado de agua con la palabra, a fin de presentársela a sí, gloriosa, sin mancha ni arruga o cosa semejante, sino santa e intachable. Los maridos deben amar a sus mujeres como a su propio cuerpo" (Efesios 5,25.28). Y San Juan, asegura que este mundo no es absurdo, y que camina dolorosamente, hacia su plenitud: "Vi un cielo nuevo y una tierra nueva... Y vi la ciudad santa, la nueva Jerusalén, que descendía del cielo del lado de

Dios, ataviada como una esposa que se engalana para su esposo" (Apocalipsis 21,1.2).

TERCERA LECTURA: CON NUESTRO TIEMPO

*** Quien nunca haya estado enamorado, enamorado de alguien o del "Invisible", o de la "Dama pobreza', quien jamás haya conocido una gran pasión, ¡no podrá comprender ni recitar jamás este salmo! Quien está enamorado, está siempre listo a hacer locuras. Quien no sepa que Dios está "enamorado", no comprenderá nada de Dios.

La Iglesia nos propone este salmo 44 en la Fiesta de la Asunción de María.

Ella inauguró el banquete Mesiánico en las Bodas de Caná. Ella estuvo presente "en la hora de Jesús", en las Bodas sangrientas de la cruz. ¿Cómo no iba a estar asociada a la gloria del "rey"? Si la Iglesia es la esposa muy amada de Dios, en Cristo, María es "el icono" más perfecto. El mundo moderno está en búsqueda de "modelos" y "símbolos": María es el vértice de la humanidad, es la enamorada perfecta de Dios, cuyo nombre subsiste de generación en generación".

אֱלֹהִים לָנוּ מַחֲסֶה וָעֹז

CANTO POR EXCELENCIA DE LA "FE"

Dios: nuestro refugio, nuestra fuerza, nuestro socorro...

- En medio de los trastornos "cósmicos", y desgracias naturales,

— ¡Nada hay qué temer!

Porque "Dios está con nosotros".

Una imagen simbólica: "Jerusalén"

Ciudad de Dios, regada por un alegre río.

- En medio de los trastornos "históricos", y las crisis humanas,

— ¡Nada hay qué temer! Porque "Dios está con nosotros".

Sí, venid y ved.
Reconoced a Dios en su obra.
¿Qué va a "hacer"?

...Lucha por destruir la guerra.

...Construye la "PAZ".

..."¡Deteneos, no hagáis el mal!"

PRIMERA LECTURA: CON ISRAEL

* Este salmo es un "cántico de Sión". Sión es la colina de Jerusalén situada al sur del Templo. Al pie de esta colina, brota una fuente, la "fuente de Siloé". Esta colina de Sión, esta fuente de agua viva, en la

SALMO 45

EL ESTA CON NOSOTROS

Dios es nuestro refugio y nuestra fuerza,
poderoso defensor en el peligro.
Por eso no tememos aunque tiemble la tierra
y los montes se desplomen en el mar.
Que hiervan y bramen sus olas,
que sacudan a los montes con su furia:

R/. El Señor de los ejércitos está con nosotros,
nuestro alcázar es el Dios de Jacob.

El correr de las acequias alegra la ciudad de Dios,
el Altísimo consagra su morada.
Teniendo a Dios en medio, no vacila;
Dios la socorre al despuntar la aurora.
Los pueblos se amotinan, los reyes se rebelan;
pero él lanza su trueno y se tambalea la tierra.

R/. El Señor de los ejércitos está con nosotros,
nuestro alcázar es el Dios de Jacob.

Venid a ver las obras del Señor,
las maravillas que hace en la tierra:
Pone fin a la guerra hasta el extremo del orbe,
rompe los arcos, quiebra las lanzas,
prende fuego a los escudos.
«Rendíos, reconoced que yo soy Dios:
más alto que los pueblos, más alto que la tierra».

R/. El Señor de los ejércitos está con nosotros,
nuestro alcázar es el Dios de Jacob.

mente de los judíos, era una especie de anuncio del "cielo". Pensemos en los santuarios elevados, altos lugares que hacen levantar la cabeza. Puntos culminantes de una ciudad, en que naturalmente, se ha construido un santuario (pensemos en el Partenón de Atenas).

Para Israel el "nombre" de Jerusalén está cargado de simbolismo místico con resonancias universales: Yerushalaïm (de la raíz Shalom) "Ciudad de la Paz". Esta ciudad, construida sobre la roca, parecía físicamente indestructible, inexpugnable.

Pero la solidez, la seguridad de esta ciudad excepcional, no derivaba especialmente de circunstancias topográficas, humanas, estratégicas... "Dios, mora en ella". Se atreven a pensar que es la "¡Ciudad de Dios!". Dios-con-nosotros: "Emmanuel". Afirman osadamente que el Dios escogido por Jacob, su ancestro, es el Dios del universo.

Sí, el "Dios sabaoth", el Dios de los ejércitos celestes, el Dios que hizo surgir el cosmos con millares de soles, es también quien escogió este pequeño pueblo, Jacob su bien amado... e hizo brotar, sencillamente, la fuente de Siloé que corre "alegremente", irrigando aquella ciudad, Jerusalén. Otras ciudades son amadas de Dios, pero sólo hay una en la cual ocurrieron acontecimientos únicos para la humanidad entera: para la paz universal... Una ciudad-fuente.

SEGUNDA LECTURA: CON JESUS

** *Sí, hay un solo lugar, sobre la tierra,* en que la cruz fue plantada: el hueco cavado en el suelo para asegurar el poste que llevaría el Cuerpo... estuvo únicamente allí. Sí, hay *un solo lugar, sobre toda la tierra*, en que se encontró una tumba abierta: la piedra rodada en que la muerte fue vencida... Se encontró allí, ¡únicamente allí!

Jerusalén, en sus sueños más locos, nunca imaginó hasta qué punto serían verdaderos en Jesús.

"Venid, ved las proezas del Señor...". *Las "acciones" del Señor. Su muerte* para reconciliarnos y darnos la paz, para destruir nuestras guerras, nuestros arcos y lanzas, para hacer de nosotros, hermanos... Las "acciones" del Señor: *su Resurrección* para "acabar toda lágrima, todo lamento, toda muerte, todo duelo" (Apocalipsis 21,4). "Cuando renace la mañana... ¡la mañana de Pascua!".

"El correr de las acequias alegra la ciudad de Dios". Justamente, en la Fiesta de los Tabernáculos, cuando toda Jerusalén cantaba "este salmo", Jesús, "el último día de fiesta, se puso de pie en el Templo ("la más santas de las moradas de Dios") y proclamó en alta voz: "Si alguien *tiene sed*, que venga a Mí y beba el que cree en Mí. Como lo dijo la Escritura: "De su seno brotarán *ríos de agua viva*". Designaba así el Espíritu que debían recibir *aquellos que creían* en El (Juan 7,37). En esta forma, para Jesús, la fuente no está localizada únicamente en Jerusalén, es una fuente "interior" de todo creyente... Alegremente, el Espíritu irriga mi alma. "¡Venid y *ved*!". ¿No es curioso que sea precisamente a esta fuente de Siloé de que habla el salmo, a donde Jesús envía *un ciego* a lavarse los ojos para que pueda "ver"? "Anda y lávate en la piscina de

Siloé..." (Juan 9,7). Sí, todos estamos ciegos. No sabemos "ver" las proezas de Dios. "Pero el Señor del universo está con nosotros". Tomando las palabras de "este" salmo, Jesús dirá también: "Mirad *Yo estoy con vosotros*, hasta el fin del mundo" (Mateo 28,20). Danos, Señor, nuevos ojos para reconocer esta presencia oculta, fuente de toda "paz" en medio de los trastornos cósmicos e históricos de toda especie. "La paz sea con vosotros" (Juan 20,19).

TERCERA LECTURA: CON NUESTRO TIEMPO

*** *En los trastornos y crisis de hoy...* "Aunque se conmuevan los montes en el seno del mar, y se agiten y espumen las olas,...". Cuando todo lo que parecía sólido se desploma (las montañas son símbolo de la solidez, lo que nada en apariencia puede conmover), hay que mantenerse en paz: "Nada hay que temer, si la tierra es sacudida... ¡Dios está con nosotros!". Esto no quiere decir, evidentemente, que los creyentes son la excepción en las crisis o catástrofes. Recordemos a Job, el justo por excelencia, sobre quien caen rachas de desgracias. Pero precisamente Job, permaneció firme en medio de la tempestad que se desencadenó sobre el mundo.

La fe en Dios, roca sólida... Dios es nuestra ciudadela... Jesús utilizó esta imagen: "todo hombre que escucha la palabra de Dios y la practica, se parece a un hombre prudente que construyó su casa sobre la roca: se desencadenaron las olas... No se derrumbó" (Mateo 7, 24.25). La fe hace hombres sólidos, "inquebrantables".

La Iglesia, Ciudad de Dios... La más santa de las moradas del Altísimo... La nueva Jerusalén, la nueva Sión, es la Iglesia de Jesucristo. Jesús le prometió permanecer "con ella" hasta el fin de los tiempos. "Tú eres Pedro y sobre esta piedra construiré mi Iglesia".

Aspiración a la paz... Profundas corrientes pacifistas se abren paso en esta época moderna. El salmo 45 muestra que esta aspiración viene de lejos: "¡Cesad! ¡Cesad vuestras guerras!". Orar con este salmo, es pedir a Dios que rompa primero mi "propio arco", mi agresividad, mi orgullo dominante... En plano colectivo, es orar por la paz del mundo.

El combate escatológico... Este deseo de paz no puede menguar en nosotros la intensidad del combate, ayudados por Dios, contra las fuerzas del mal. Dios no rompe los arcos sin nuestro concurso.

שִׁמְעוּ־זֹאת

"ORATORIO SOBRE LA MUERTE"

Reflexionad bien sobre esto... Todos vosotros...

Interrogante universal:

"Vosotros todos que habitáis en el tiempo,

"Vosotros todos que habitáis en algún lugar,

"Vosotros todos, célebres o desconocidos,

"Vosotros todos, ricos o pobres...

UN ENIGMA, UN INTERROGANTE:

¿Por qué prosperan los malvados?

No hay que admirarse, ni temer
a aquellos que se apoyan sobre su "fortuna"

Todos morirán.

Por rico que alguien sea,
hay una cosa que no puede "comprar":
Vivir indefinidamente...
No ver la tumba...

¡Nada de la gloria pretenciosa!

El rico que no reflexiona,
"Se asemeja a las bestias, que perecen".

SALMO 48

EL HOMBRE EN ESPLENDOR NO PERDURA

Oíd esto todas las naciones,
escuchadlo, habitantes del orbe:
plebeyos y nobles, ricos y pobres;

mi boca hablará sabiamente,
y serán muy sensatas mis reflexiones;
prestaré oído al proverbio
y propondré mi problema al son de la cítara.

* * *

¿Por qué habré de temer los días aciagos,
cuando me cerquen y me acechen los malvados,
que confían en su opulencia
y se jactan de sus inmensas riquezas,
si nadie puede salvarse
ni dar a Dios un rescate?

Es tan caro el rescate de la vida,
que nunca les bastará
para vivir perpetuamente
sin bajar a la fosa.

Mira: los sabios mueren,
lo mismo que perecen los ignorantes y necios,
y legan sus riquezas a extraños.

El sepulcro es su morada perpetua
y su casa de edad en edad,
aunque hayan dado nombre a países.

R/. El hombre no perdura en la opulencia,
sino que perece como los animales.

* * *

La única "solución" al enigma
La única respuesta al "interrogante",
está en el MAS ALLA...

En la aurora, en la resurrección.
Los malvados "serán borrados..."

los justos serán "rescatados..."
"Tomados por Dios"
Entonces,
¡no temáis!

La "caja fuerte" no se puede llevar a la sepultura

De nada sirve "bendecirse" a sí mismo,

Todo lo que se termina es pasajero...

Seamos "clarividentes", para no ser
"rebaño de bestias que caminan hacia el matadero".

PRIMERA LECTURA: CON ISRAEL

* La reflexión sobre la muerte es "universal". Toda civilización digna de este nombre debe "responder" a este interrogante. La originalidad de Israel en este salmo es proponer la misma pregunta a las demás "sociedades". Si hay poca probabilidad de que un individuo olvide que es mortal, las civilizaciones, colectivamente, se creen eternas: dinastías, imperios, ciudades y monumentos (ejemplo las pirámides orgullosamente edificadas por los Faraones de Egipto) construidos para desafiar el tiempo, pretensión de los vencedores por dominar definitivamente, dando sus "nombres" a las ciudades vencidas (Alejandría, Cesarea, Roma), museos, bibliotecas, museos de toda especie, deseo de guardar el pasado glorioso... Vanas tentativas del hombre para olvidar que es efímero, y que "las civilizaciones", ellas también, son "mortales". El

Este es el camino de los confiados,
el destino de los hombres satisfechos:
son un rebaño para el abismo,
la muerte es su pastor,
y bajan derechos a la tumba;
se desvanece su figura
y el abismo es su casa.

Pero a mí, Dios me salva,
me saca de las garras del abismo
y me lleva consigo.

No te preocupes si se enriquece un hombre
y aumenta el fasto de su casa:
cuando muera, no se llevará nada,
su fasto no bajará con él.
Aunque en vida se felicitaba:
«Ponderan lo bien que lo pasas»,
irá a reunirse con sus antepasados,
que no verán nunca la luz.

R/. El hombre rico e inconsciente
es como un animal que perece.

pequeño pueblo de Israel, débil en ejércitos, fuerte en la fe, se sitúa aquí frente a los grandes imperios paganos que lo rodean: se creen eternos, porque gozan actualmente de prosperidad. ¡Pero esperemos el final!

Dos frases del salmo se responden, y resumen toda la reflexión propuesta:

—"¡Nadie puede *rescatar* a su hermano, ni *pagar* a Dios su *rescate*!".

—"¡Pero Dios *rescatará* mi alma de la muerte, El me *tomará*!" ¡No! No podemos salvarnos a nosotros mismos ante la muerte. Quien no tiene a Dios, no tiene "redentor" ("Göel" en hebreo, significa "quien va a rescatar a un cautivo").

Otras dos frases terribles, retoman la misma idea, en un apunte de humor negro:

—"El Señor es mi Pastor, me conduce por buen camino". (Salmo 22,1-3).

—"Los insensatos, rebaño de los infiernos, que la muerte lleva a pacer".

¡Sí! Quien no tome a Dios como "Señor" y Pastor, automáticamente se da a otro señor, la muerte, que conduce sus "bestias" al matadero.

SEGUNDA LECTURA: CON JESUS

** A Jesús le bastó tomar las palabras de este salmo, para fustigar la "locura" de los ricos que se olvidan de lo esencial: "¡insensato, esta misma noche te van a pedir el alma!", dice Jesús al rico que hacía ampliar sus graneros (Lucas 12,20).

Y Jesús anuncia, igual que en este salmo, el cambio de situaciones, en la dramática parábola de "Lázaro el pobre y el rico malo" (Lucas 16,19-31).

¿Cómo no escuchar estas palabras vehementes?: "Ay de vosotros los ricos, pues ya tenéis vuestro consuelo" (Lucas 6,24). "Bienaventurados los pobres, porque vuestro es el Reino de los Cielos" (Lucas 6,20). "¿De qué le sirve al hombre ganar todo el mundo, si pierde su alma?" (Mateo 16,26).

En cuanto a la idea del "rescate" que aparece en el centro del salmo, recordamos en cada Eucaristía, en la Acción de Gracias, que "el precio ha sido pagado" para librarnos de la muerte: "Hemos sido rescatados no mediante oro o plata perecederos, sino mediante la sangre preciosa de Cristo, el Cordero sin mancha" (1 Pedro 1,18-19). Jesús dio libremente a su muerte el sentido del "Goël" (Redentor) al ofrecer su vida: He aquí mi sangre, derramada por vosotros, para la remisión de los pecados".

Finalmente, esta "aurora" que aleja la noche, que es la mañana de Pascua, en que Dios "rescata a su Hijo (sus hijos) de las garras de la muerte para llevarlo con El". Una vez más, este salmo logra sólo su pleno sentido en Jesucristo.

TERCERA LECTURA: CON NUESTRO TIEMPO

*** *El destino de los "insensatos": se parece a las bestias que perecen.* Los análisis de antropólogos modernos ponen en evidencia el contraste que existe entre las sociedades "precapitalistas" de tipo asiático o africano, en que la muerte está siempre presente, pero en que se respeta la vida... Y las sociedades modernas de occidente, orientadas hacia la rentabilidad y el lucro, que rechazan la muerte y sin embargo desprecian la vida (aborto, eutanasia, suicidio). Paradoja del hombre científico y técnico, que hace retroceder la muerte... Y a quien ella se impone, pero en la clandestinidad. Ayer, el hombre sabía que iba a morir. Hoy ocurre lo contrario: "No sentir que se muere" ha reemplazado en nuestro lenguaje al "sentir próxima la muerte" de la fábula de La Fontaine del siglo XVII. Según los buenos conocedores de Carl Marx, este filósofo, que pretende dar la respuesta al futuro del hombre, olvida (¿casualidad?) hablar de la muerte. En un congreso de escritores comunistas, después de horas de discursos sobre el mejor de los mundos en construcción, André Malraux preguntó impacientemente: "¿y el hombre que es aplastado por un tranvía?". Estupor general... No insistió... Luego de un prolongado silencio, la única respuesta fue: "en un sistema de transportes perfectamente socializado, no habrá más accidentes". No quieren mirar el problema de frente. Insensatos. Estos hombres que van de todas maneras hacia la muerte... pero inconscientemente, "como las bestias que perecen". ¿Seguiremos por más tiempo escamoteando el problema?

El destino de Jesús: va hacia la muerte como a un lugar de paso. Jesús declara que su Reino no es de este mundo y teme la muerte (Padre mío, si es posible aleja de Mí este cáliz)... Pero "ofrece conscientemente" su muerte, la víspera de morir. "Voy hacia el Padre...". "Si el grano de trigo no muere permanece solo...". Actitud positiva, apoyada en la fe de la resurrección. ¿Hay otra respuesta?

יְהוָֹה דִּבֶּר׃

PROLOGO:

La "asamblea" para el gran JUICIO.

Teofanía: Dios viene y "toma la palabra"...

En el brillo del fuego y de la tempestad,
como en el Sinaí

Toda la tierra es convocada,

Para juzgar "a los de la Alianza"

Aquellos que "sellaron" un pacto con Dios.

EXHORTACION:

"Escucha... Yo hablo...

Tú, mi pueblo, que se dice fiel...

Acuso tu "ritualismo"

Tu "formalismo"

No me honran los ritos exteriores...

No necesito tus sacrificios...

Lo que cuenta, para Mí, es "tu vida":

—Tus "alegrías", ofrecidas en "acción de gracias", en agradecimiento...

SALMO 49

OFRECE A DIOS EL SACRIFICIO DE ACCION DE GRACIAS

El Dios de los dioses, el Señor, habla:
convoca la tierra de oriente a occidente.
Desde Sión, la hermosa, Dios resplandece:
viene nuestro Dios, y no callará.

Lo precede fuego voraz,
lo rodea tempestad violenta.
Desde lo alto convoca cielo y tierra,
para juzgar a su pueblo:

«Congregadme a mis fieles,
que sellaron mi pacto con un sacrificio».
Proclame el cielo su justicia;
Dios en persona va a juzgar.

«Escucha, pueblo mío, que voy a hablarte;
Israel, voy a dar testimonio contra ti;
—yo, el Señor, tu Dios—.

No te reprocho tus sacrificios,
pues siempre están tus holocaustos ante mí.
Pero no aceptaré un becerro de tu casa,
ni un cabrito de tus rebaños;

pues las fieras de la selva son mías,
y hay miles de bestias en mis montes;
conozco todos los pájaros del cielo,
tengo a mano cuanto se agita en los campos.

Si tuviera hambre, no te lo diría;
pues el orbe y cuanto lo llena es mío.
¿Comeré yo carne de toros,
beberé sangre de cabritos?

Ofrece a Dios un sacrificio de alabanza,
cumple tus votos al Altísimo

— Tus "penas", transformadas en "invocación" suplicante...

Acuso tu "legalismo",
tu "hipocresía".
No basta "saber" y "recitar" perfectamente mis mandamientos...

Lo que cuenta es "tu vida real":
luchar contra la injusticia...

La infidelidad...

La mentira...

La calumnia...

EPILOGO:

"¿Piensas que soy como tú?"

Un "día" toda verdad será restablecida...

Para "salvaros", tomad desde ahora el "camino"

e invócame el día del peligro:
yo te libraré, y tú me darás gloria».

Dios dice al pecador:
«¿Por qué recitas mis preceptos
y tienes siempre en la boca mi alianza,
tú que detestas mi enseñanza
y te echas a la espalda mis mandatos?

Cuando ves un ladrón, corres con él;
te mezclas con los adúlteros;
sueltas tu lengua para el mal,
tu boca urde el engaño;

te sientas a hablar contra tu hermano,
deshonras al hijo de tu madre;
esto haces, ¿y me voy a callar?
¿Crees que soy como tú?
Te acusaré, te lo echaré en cara».

Atención los que olvidáis a Dios,
no sea que os destroce sin remedio.

El que me ofrece acción de gracias,
ese me honra;
al que sigue buen camino
le haré ver la salvación de Dios.

PRIMERA LECTURA: CON ISRAEL

Como toda religión, la religión de Israel, por bella que fuera en teoría, era vivida por hombres pecadores. Pueblo escogido, pueblo de la Alianza con Dios. Muy bello. ¡Pero qué de infidelidades! Por esto, se previeron ceremonias de "renovación" de la Alianza. Este salmo 49, hacía parte del RITUAL de esta especie de "liturgia penitencial" colectiva. Escuchamos la orden de "convocación solemne" del pueblo, invitado a reunirse en el Templo. Luego, en un Oráculo, Dios toma la palabra para recordar en qué condiciones la Alianza es seria: No hay que "supervalorar" los sacrificios acumulados, como si tuvieran un poder mágico... Los ritos son formalistas y sin valor para Dios, si no están acompañados de una vida recta, honesta, justa, caritativa. Este tema es constante en la predicación profética (Amós 5,21-27; Isaías 1,11-17; Jeremías 6,20; Oseas 6,6).

SEGUNDA LECTURA: CON JESUS

** Jesús no cesa de recordar, que la única práctica religiosa agradable a Dios es la interior: "Si al momento de presentar tu ofrenda en el altar, recuerdas que tu hermano tiene algo contra ti, ve primero a reconciliarte con él" (Mateo 5,24). En una ocasión citó un pasaje de Oseas muy semejante a este salmo: "Misericordia quiero, y no sacrificios" (Mateo 9,13).

En el gran discurso de Jesús sobre el juicio (Mateo 25,31-46) encontramos, como en este salmo, la "convocación" de todos los pueblos reunidos solemnemente ante Dios, la división decisiva entre buenos y malos, hasta entonces mezclados como el trigo y la cizaña, y sobre todo el criterio de juicio que no es la "práctica religiosa", sino "el amor fraternal": vestir, alimentar, visitar, etc...

TERCERA LECTURA: CON NUESTRO TIEMPO

*** *La hipocresía religiosa es la peor de todas.* El hombre de hoy, como los profetas de todos los tiempos, como el salmista que escribió este salmo, es sensible a la sinceridad necesaria en los actos del culto: "van a Misa, y no son mejores que los demás...". "Recitan mis leyes y hacen sus oraciones, pero son ladrones, adúltero, difamadores...", decía ya el salmo. Cuidémonos, sin embargo, de caer en el formalismo contrario: "no voy a la Misa, por consiguiente soy mejor que aquellos que van". Hay que ver... Lo que es cierto es que todos somos pecadores, que debemos ser muy humildes y guardarnos de toda presunción. Quienes van a la Misa son pecadores que reconocen públicamente sus debilidades: "Yo confieso a Dios Todopoderoso, reconozco ante mis hermanos que he pecado, de pensamiento, de palabra, por acción y omisión... Sí, he pecado verdaderamente...". Con esta confesión comienzan todas nuestras Misas. No lo olvidemos.

La real Eucaristía de Jesús es la "mesa de los pecadores". Ya desde su tiempo, en Palestina, Jesús escandalizó a los fariseos por aceptar hacer mesa común con los pecadores. "Como Jesús estaba a la mesa en la casa, he aquí que muchos publicanos y pecadores vinieron a ocupar lugar con El y sus discípulos: ¿por qué vuestro maestro come con pecadores? - No son los sanos los que necesitan de médico sino los enfermos" (Mateo 9,10-13). En lugar de condenar a nuestros hermanos desde lo alto de nuestra pretendida rectitud moral, deberíamos aprender de este salmo la exigencia suplementaria de santidad, necesaria para nuestra "práctica religiosa": "Dios convoca a la tierra para juzgar a su pueblo... Reunid ante mí los fieles (los "Hassidim" en hebreo), que sellaron con un sacrificio mi Alianza"... Sí, los que celebran el sacrificio de la Nueva Alianza, serán juzgados a la faz del mundo entero. Jesús nos invita a la mesa, a nosotros los pecadores, para que nuestra vida se transforme progresivamente, como se transformó la vida del publicano Mateo, del jefe publicano Zaqueo. Si Jesús me invita y me da su pan de vida, lo hace como un "médico", para curarme.

El juicio ya comenzó: nosotros lo preparamos cada día. Nos imaginamos con frecuencia el juicio como un punto final. Ocurrirá un día, seguramente, pero actualmente, "está en camino": lo hacemos nosotros, por nuestra forma de vida. El juicio final será únicamente la "manifestación" de lo que vivimos en este momento y que a veces "ocultamos". Este salmo invita a hacer una "revisión de vida": Dios en persona hace la exhortación... No para condenar, como dice insistentemente Jesús, sino para hacernos reflexionar y salvarnos... Porque, pese a las apariencias, el Dios que se expresa en este terrible salmo es EL DIOS AMOR, que se puso "de lado de los pobres", en la persona de Jesucristo.

אֱלֹהִים בְּשִׁמְךָ הוֹשִׁיעֵנִי

UN GRITO SUPLICANTE:

…¡Sálvame!

…¡Hazme justicia!

…Oye…

…Escucha…

SITUACION DE ANGUSTIA:

un pobre, oprimido
por poderosos sin conciencia.

CERTEZA DE LA VICTORIA DE DIOS:

Sintiéndose escuchado,
el suplicante ve el mal destruido,
vencido…

Y promete inmediatamente

"Dar gracias":

Está libre, de pie,
erguido ante quien lo intimidaba…

SALMO 53

EL APOYO DE MI VIDA

¡Oh Dios!, sálvame por tu nombre,
sal por mí con tu poder.
¡Oh Dios!, escucha mi súplica,
atiende a mis palabras:

porque unos insolentes se alzan contra mí,
y hombres violentos me persiguen a muerte
sin tener presente a Dios.

Vuelve el mal contra mis
enemigos, destrúyelos,
Señor, tú que eres fiel.

Pero Dios es mi auxilio,
el Señor sostiene mi vida.

Te ofreceré un sacrificio voluntario
dando gracias a tu nombre, que es bueno;
porque me libraste del peligro
y he visto la derrota de mis enemigos.

PRIMERA LECTURA: CON ISRAEL

* La introducción de este salmo atribuye esta oración a una situación real de la vida de David. Procedimiento literario semítico, muy revelador: la realidad concreta de esta situación histórica es temible. David está acosado por su enemigo Saúl. El primer rey de Israel teme que el joven David le arrebate su trono, tanta es su popularidad. "Extranjeros", entre los cuales se refugió David, están listos a "venderlo" (1 Samuel 23,19-28).

Este salmo ha sido recitado y releído a lo largo de la historia, en particular en los momentos de persecución de los Macabeos, por todos los "Anawim", los "pobres", oprimidos por los poderosos, orgullosos, sin fe ni ley, que no "tienen en cuenta para nada a Dios". Adivinamos el grado de opresión de este "pequeño" ante los "más fuertes" que él. Su oración se hace vengativa y pide a Dios que aplique a sus enemigos la ley del Talión: "Vuelve el mal contra mis adversarios". Pero su oración termina en la alegría de la acción de gracias: alabanza a la bondad de Dios que libera...

SEGUNDA LECTURA: CON JESUS

** Poniendo este salmo en labios de Jesús encontramos:

— Su oración porque el mundo "sea liberado del mal, y no caiga en tentación".

— Al comienzo de la Pasión, su súplica para "ser liberado de la muerte": "si es posible pase de Mí este caliz".

— Pero a diferencia del salmista, Jesús nos pide orar "por nuestros enemigos"; así lo hizo El mismo por los suyos: "Perdónalos Señor, porque no saben lo que hacen".

— Finalmente, Jesús "dio gracias" (Eucaristía) al Padre por su Alianza en el gran combate contra su enemigo principal, según San Pablo, la muerte (1 Corintios 15,26). En boca de Jesús, la verdadera liberación es la resurrección.

TERCERA LECTURA: CON NUESTRO TIEMPO

*** *La vida es un combate.* Difícilmente aceptamos salmos que dicen como éste: "Señor, destruye a mis enemigos". Sin embargo, si no aplicamos esos términos a personas (que debemos amar si queremos ser fieles al mandamiento de Jesús: "amad a vuestros enemigos") es indispensable concebir nuestra vida como un combate: el enemigo es el Mal, potencia maligna contra la cual debemos luchar. Este salmo afirma que este "mal" es una potencia "extranjera", contraria al hombre, alienante, diríamos hoy. Pero dice también que Dios combate con nosotros, al lado del hombre, contra todas las potencias "que buscan su perdición". Gracias, Señor. Sí, por tu verdad, Señor, destruye a aquellos que se han levantado contra la humanidad.

La victoria del bien está asegurada. Quien ora en este salmo, sabe que será escuchado, y anuncia que "dará gracias": "He visto a mis enemigos humillados". Sin orgullo, sin pretensión, el cristiano debería tener una mentalidad de vencedor... La seguridad de la victoria final de Dios, lejos de inmovilizar, debería dar ánimo al cristiano para su combate de cada día.

אַךְ אֶל־אֱלֹהִים דּוּמִיָּה נַפְשִׁי

DIOS:

Mi reposo... confianza

Mi salvación...

Mi roca... solidez

Mi ciudadela...

EL HOMBRE: Agitación...

Competencia encarnizada...

Rivalidad hasta el punto de destruir cobardemente
a quien desfallece...

Mentira...

Duplicidad...

DIOS:

Mi reposo... confianza

Mi esperanza...

Mi roca... solidez

Mi ciudadela...

Mi salvación...
Mi gloria...

Mi refugio...

Mi roca...

"Confiad en El...

"Desahogad vuestro corazón en El..."

SALMO 61

SOLO EN DIOS TENGO REPOSO

Sólo en Dios descansa mi alma,
porque de él viene mi salvación;
sólo él es mi roca y mi salvación,
mi alcázar: no vacilaré.

¿Hasta cuándo arremeteréis contra un hombre
todos juntos, para derribarlo
como a una pared que cede
o a una tapia ruinosa?

Sólo piensan en derribarme de mi altura,
y se complacen en la mentira:
con la boca bendicen,
con el corazón maldicen.

Descansa sólo en Dios, alma mía,
porque él es mi esperanza;
sólo él es mi roca y mi salvación,
mi alcázar: no vacilaré.

De Dios viene mi salvación y mi gloria,
él es mi roca firme,
Dios es mi refugio.

Pueblo suyo, confiad en él,
desahogad ante él vuestro corazón,
que Dios es nuestro refugio.

EL HOMBRE:

¡Un “soplo” de vida!
¡Falaz!
¡No vale la pena!
Menos “que un soplo...”
El engaño,
El lucro,
¡Viento!
“No confíes en ellos...”

ORACULO: DIOS TOMA LA PALABRA

— Lo único sólido, Dios

— “Da” al hombre “según sus obras”.

PRIMERA LECTURA: CON ISRAEL

* Tenemos aquí, un salmo de tipo PROFETICO: con ocasión de una gran concentración popular, un hombre, un profeta empieza a gritar. Apostrofa a los “impíos”, a los “sin Dios”, a los “enemigos de Dios”. Anuncia el Juicio que los destruirá y hará triunfar a los justos. Promete a los fieles que confían en Dios, una felicidad perdurable.

Este salmo está construido, según doble afirmación, en antítesis:

— Dios es sólido, verdadero, roca... Uno puede apoyarse en El.

— El hombre es frágil, falaz, engañoso, es viento... ¡cuidado!

Y esto afirmado, con un radicalismo total, que difícilmente da la traducción. En el texto hebreo, aparece seis veces, al comienzo del verso, una partícula adverbial de sonido ronco y gutural, que se traduce por “solamente”: “solamente un Dios”... “Solamente El”... “Sólo engaño, su pensamiento”... “Sólo un soplo “el hombre”... “Sólo

Los hombres no son más que un soplo,
los nobles son apariencia:
todos juntos en la balanza subirían
más leves que un soplo.

No confiéis en la opresión,
no pongáis ilusiones en el robo;
y aunque crezcan vuestras riquezas,
no les deis el corazón.

Dios ha dicho una cosa,
y dos cosas que he escuchado:

«*Que Dios tiene el poder*
y el Señor tiene la gracia;
que tú pagas a cada uno
según sus obras.

Dios"... "Solamente El"... Releamos el pasaje, descubriendo este absoluto que se repite. Nada de medias tintas. Sólo Dios. He ahí la herencia que nos trasmite Israel.

SEGUNDA LECTURA: CON JESUS

** Jesús también habló de "construir nuestra casa en la roca de Dios" (Mateo 7,24).

Así como este salmo ponía en guardia contra los "falsos profetas", que engañan a los hombres con promesas falaces... Jesús pedía a sus discípulos no dejarse engañar por los falsos Mesías: "tened cuidado, no os dejéis engañar... Vendrán de todas partes... No los sigáis... (Lucas 21,8). "Sólo en Dios tengo reposo", murmuraba el salmista. Jesús comenta esta frase a su manera: "Venid a Mí todos los que estáis fatigados y agobiados, que Yo os aliviaré" (Mateo 11,28). La paz que brota de la confianza en Dios, expresada en el estribillo repetido dos veces, como para crear un hechizo de sosiego. Jesús, animado por ella dice estas palabras: "ni un solo cabello de vuestra cabeza caerá (Lucas 21,19).

Finalmente, la desconfianza de las "riquezas", del "lucro", expresada en este salmo, anima también el Evangelio: "No acumuléis tesoros sobre la tierra... Donde está tu tesoro allí está tu corazón..." (Mateo 6,19.21). Las palabras son casi las mismas: "y aunque crezcan vuestras riquezas, no pongáis en ellas el corazón", decía el salmista.

TERCERA LECTURA: CON NUESTRO TIEMPO

*** *Sólo Dios, dice el salmo... Nada de Dios, dice el mundo...* La elección radical hecha por el hombre de fe que expresa su absoluto en este salmo, es la inversa de lo que piensan la mayoría de nuestros contemporáneos. "Sólo Dios", ¡vaya! ¡No! Ante todo, ¡seguridad por todos los medios humanos! Sin embargo, a pesar de las apariencias superficiales, el hombre de fe tiene la razón: "los hombres, ¡un soplo! Ponedlos en la balanza, y veréis la riqueza, el lucro, no os fiéis". La mirada a corto término a algunos días o a algunos años, parece no dar razón a este punto de vista... Pero la vida de los siglos no cesa de darle la razón.

Fragilidad del hombre. A veces nos engañamos. Qué débil es la defensa del avestruz que mete bajo el ala la cabeza para no ver el golpe que le va a destruir. Un accidente automovilístico, un pequeño desarreglo hormonal, un virus no identificado... Y se acaban nuestras glorias. Vanidad de vanidades, decía el antiguo sabio. Nuestros antepasados eran más realistas que nosotros. ¿El hombre? ¡Un soplo!

Caer sobre el compañero que desfallece, para abatirlo. Experiencia universal, y muy de nuestra época. Es cobarde encarnizarse sobre quien se inclina y se desploma. En los "negocios comerciales", no se hacen regalos, se dice: el pez grande se come al pequeño, los débiles son absorbidos... En un patio de recreo, los fuertes se aprovechan violentamente de los más tímidos... El compañero desafortunado, lerdo, mal visto... El compañero que "está en las malas"... ¿Los ayudamos, los hundimos? La promoción humana es a veces una especie de jungla. Pobre y humillante miseria humana... Que "entierra" sin vergüenza al débil para ocupar su lugar.

Hacerse engañar. No os dejéis "agarrar", dice el salmista. Los hombres os prometen el "oro y el moro". Verificad si esto es sólo viento. Sujetáos a los valores firmes, a Dios. "Bendicen con la boca; en su corazón maldicen". Leamos con espíritu crítico los comerciales que hacen promesas maravillosas. Recordemos aquella vez que fuimos engañados.

Mi roca, es Dios. Este salmo aparentemente pesimista, quiere salvaguardar la grandeza del hombre: amar la nada, el vacío, el viento, cosa grave. Es destruir en nosotros "la imagen de Dios". Si el hombre es efímero cuando se aparta de Dios, se hace "sólido", "apacible", "fuerte", cuando se apoya en la única roca verdadera: participa del ser de Dios, pues está hecho "a su semejanza".

לְךָ דֻמִיָּה תְהִלָּה אֱלֹהִים

HIMNO DE ALABANZA A DIOS, REY ACOGEDOR...

En su capital, "Sión"...

— Escucha

— Perdona...

— Invita...

Colma con sus larguezas...

A DIOS, REY VENCEDOR...

Y "eso", es para todos los pueblos...

— El creó todo...

— Se "ciñe" de poder para vencer el "caos"

— El "mal" es vencido...

— El cosmos clama de alegría...

SALMO 64

TU VISITAS LA TIERRA

Oh Dios, tú mereces un himno en Sión,
y a ti se te cumplen los votos,
porque tú escuchas las súplicas.
Hay que alabarte a ti, oh Dios,
en Sión y cumplirte los votos que se te han hecho,
pues tú concedes cuanto se te pide.

A ti acude todo mortal
a causa de sus culpas;
nuestros delitos nos abruman,
pero tú los perdonas.

Dichoso el que tú eliges y acercas
para que viva en tus atrios:
que nos saciemos de los bienes de tu casa,
de los dones sagrados de tu templo.

* * *

Con portentos de justicia nos respondes,
Dios Salvador nuestro;
tú, esperanza del confín de la tierra
y del océano remoto;

tú que afianzas los montes con tu fuerza,
ceñido de poder;
tú que reprimes el estruendo del mar,
el estruendo de las olas
y el tumulto de los pueblos.

Los habitantes del extremo del orbe
se sobrecogen ante tus signos,
y a las puertas de la aurora y del ocaso
las llenas de júbilo.

* * *

A DIOS, REY QUE COLMA DE BENDICIONES...

La "visita" del Rey Yahvéh,
derrama los beneficios de la Alianza...

— Una verdadera primavera...

— La ronda de las estaciones coloca una diadema sobre la tierra...

— Resplandores de alegría...

— Fecundidad universal...

— ¡Todo exulta y canta!

PRIMERA LECTURA: CON ISRAEL

* Este salmo se clasifica como un himno de alabanza. ¿Sabemos "alabar", "agradecer", decir a los demás que estamos felices con "El"? En este salmo el pueblo de Israel agradece a Yahvéh, su Dios, presentado bajo la vestidura de un "REY":

Es un Rey "acogedor", gentil, que recibe con benevolencia, que abre su casa, su palacio, a quienes tienen algo que pedirle... Es un "Rey" que escucha, que perdona a quienes han merecido su severidad a causa de

Tú cuidas de la tierra, la riegas
y la enriqueces sin medida;
la acequia de Dios va llena de agua,
preparas los trigales;

riegas los surcos, igualas los terrones,
tu llovizna los deja mullidos,
bendices sus brotes;
coronas el año con tus bienes,
las rodadas de tu carro rezuman abundancia;

rezuman los pastos del páramo,
y las colinas se orlan de alegría;
las praderas se cubren de rebaños,
y los valles se visten de mieses,
que aclaman y cantan.

sus faltas. Es un "Rey poderoso", capaz de "hacer prodigios" para "salvar" a su pueblo; así como dominó el caos original dominando las tempestades del mar (tema bíblico que remite al Génesis), se ciñe de poder como un jefe que se pone su armadura para vencer las fuerzas del mal y el "rumor de naciones paganas" que se levantan contra El.

Finalmente, es un Rey "benevolente", cuya "visita" se manifiesta en abundantes "bendiciones", simbolizadas por las lluvias de primavera que presagian la fertilidad de la tierra.

SEGUNDA LECTURA: CON JESUS

** "Tú que escuchas la oración". Tal era la concepción que Jesús tenía de Dios. "Pedid y recibiréis. Golpead y se os abrirá" (Lucas 11,9).

— "Tú perdonas nuestras faltas". Jesús fue la realización encarnada de esta actitud divina. Lo escuchamos a lo largo de todo el Evangelio (Lucas 15).

"Esperanza de todos los confines de la tierra y de las islas lejanas". Jesús asumió y amplió esta concepción universal de la religión del verdadero Dios". "Id por todo el mundo, proclamad el Evangelio (Buena Nueva) a todas las criaturas (Marcos 16,16).

— "Tú cuidas de la tierra y la riegas". Jesús debió saborear esta admirable descripción de la primavera por el salmo, El que veía a su Padre como un jardinero que riega el prado, que hace salir el sol, o como el viñador que cuida de su viña (Mateo 5,45), (Juan 15,1).

TERCERA LECTURA: CON NUESTRO TIEMPO

*** *Hacia una religión que sabe maravillarse.* A veces se tilda a la religión de "interesada". La súplica surge espontáneamente cuando a uno le falta algo, pasando por "pedigüeño". ¿Por qué no hacer otra clase de oración cuando tenemos las manos llenas, y el corazón feliz? La alabanza, la acción de gracias, la oración de admiración. Tal es la tonalidad de este salmo. "¡Qué hermoso es alabarte!... Bienaventurado aquel a quien eliges para que viva cerca de Ti...". Los cristianos de hoy tienen una gran responsabilidad, si dan a su fe una cara triste. La Catequesis, la educación de la fe de los niños, debe ser alegre. Nuestras "Eucaristías" dominicales son celebraciones (fiestas) en que decimos "gracias" a Dios. Toda oración debería llevar la alegría de un gracias.

La primavera, la vida. El final de este salmo es un poema en honor de Dios que hace la primavera. En Oriente el agua es la vida. La primavera de Palestina es particularmente exultante. El campo canta desde sus surcos, desde sus colinas: la hierba verde, las flores, los arroyos, los rebaños... Todo "grita de alegría". El hombre moderno, aun el que vive en ciudades de hormigón, no puede ser insensible a este lenguaje: las plazas de nuestras ciudades ya no son las mismas, las vitrinas de los supermercados se adornan con flores, las vitrinas de las tiendas de alimentos abundan en legumbres frescas, y cada "fin de semana", en primavera, es testigo de un formidable afluir de gente hacia campo en ambiente de fiesta. Este himno a la vida se puede quedar en un nivel simplemente "naturalista". ¿Por qué no vemos en esto, los creyentes, a nuestro Dios? Nosotros no hacemos la naturaleza; a veces desgraciadamente la destruimos. La ecología nos enseña a "respetar" los equilibrios naturales. ¿No habrá una prodigiosa Inteligencia detrás de la primavera? ¿Por qué no nos maravillamos ante una pradera o un bosque, ante un manojo de flores, ante la imponencia de altas montañas, ante una llanura de hermosos cultivos, ante un atardecer junto al mar? *El pan y el vino frutos del trabajo del hombre y de la tierra.* En el momento del Ofertorio esta fórmula admirable expresa la simbiosis necesaria de "Dios" y del "hombre" para tener el pan y el vino. Dios proporciona el trigo y el racimo de uvas. Dios no hace ni el pan ni el vino. Dios "da" la vida, pero ha encargado al hombre de desarrollarla, de "dominarla" de mantenerla, de perfeccionarla. Cada Misa debería ser un ofertorio de nuestro trabajo. Es maravilloso pensar que Dios ha decidido no "acabar su creación", sino darnos la oportunidad de embellecerla.

אַךְ טוֹב אֱלֹהִים

La fe tradicional de Israel: "Dios es bueno con los justos".

LA GRAN TENTACION

Esta fe es aparentemente contradicha por los hechos.

Los impíos...

— Prosperan

— No les falta nada,

— Gozan de buena salud,

— Tienen suerte,

— Son arrogantes,

— Sin escrúpulo, todo les está permitido,

— Se ríen maliciosamente

— Son conscientes de su dominación,

— Ganan nuevos adeptos,

— Acumulan fortunas.

SALMO 72

MUCHO TIEMPO TRATE DE ENTENDER

¡Qué bueno es Dios para el justo,
el Señor para los limpios de corazón!

Pero yo por poco doy un mal paso,
casi resbalaron mis pisadas:
porque envidiaba a los perversos,
viendo prosperar a los malvados.

Para ellos no hay sinsabores,
están sanos y engreídos;
no pasan las fatigas humanas
ni sufren como los demás.

Por eso su collar es el orgullo,
y los cubre un vestido de violencia;
de las carnes les rezuma la maldad,
el corazón les rebosa de malas ideas.

Insultan y hablan mal,
y desde lo alto amenazan con la opresión.
Su boca se atreve con el cielo.
Y su lengua recorre la tierra.

Por eso mi pueblo se vuelve a ellos
y se beben sus palabras.
Ellos dicen: «¿Es que Dios lo va a saber,
se va a enterar el Altísimo?»,
Así son los malvados:
siempre seguros acumulan riquezas.

* * *

Entonces, ¿para qué he limpiado yo mi corazón
y he lavado en la inocencia mis manos?
¿Para qué aguanto yo todo el día
y me corrijo cada mañana?

ENTONCES, ¿DE QUE LE SIRVE A UNO SER FIEL?

¿Para estar lleno de problemas?

PERO HE REFLEXIONADO POR MAS TIEMPO

No quería traicionar la fe de mis antepasados.

Finalmente encontré la respuesta:

El destino de los impíos

una pendiente hacia la ruina

Su prosperidad es una ilusión, una trampa, un sueño:
caminan hacia la "nada"...

El destino de los justos

aún en medio de la prueba, están "con Dios"...

Alegría de esta intimidad...

"Si Tú estás conmigo", Señor,

No necesito otra alegría sobre la tierra.

¡Tú solo! ¡Eso me basta!"

Tú, la roca de mi corazón.

Así se resuelve el enigma

Del aparente éxito de los malvados.

En esta perspectiva,
encontré la fe y la esperanza,

Estoy feliz: Sí, Dios es "bueno".

Si yo dijera: «Voy a hablar como ellos»,
renegaría de la estirpe de tus hijos.

Meditaba yo para entenderlo,
pero me resultaba muy difícil;
hasta que entré en el misterio de Dios,
y comprendí el destino de ellos.

Es verdad: los pones en el resbaladero,
los precipitas en la ruina;
y un momento causan horror,
y acaban consumidos de espanto.

Como un sueño al despertar, Señor,
al despertarte desprecias sus sombras.

* * *

Cuando mi corazón se agriaba
y me punzaba mi interior,
yo era un necio y un ignorante,
yo era un animal ante ti.

Pero yo siempre estaré contigo,
tú tomas mi mano derecha,
me guías según tus planes,
y me llevas a un destino glorioso.

¿No te tengo a ti en el cielo?;
y contigo, ¿qué me importa la tierra?

Se consumen mi corazón y mi carne
por Dios, mi herencia eterna.
Sí: los que se alejan de ti se pierden;
tú destruyes a los que te son infieles.

Para mí lo bueno es estar junto a Dios,
hacer del Señor mi refugio,
y proclamar todas tus acciones
en las puertas de Sión.

PRIMERA LECTURA: CON ISRAEL

* He aquí, el gran problema que obsesiona a los hombres de todos los tiempos: "¿Por qué el mal?". "¿Por qué parece que los malos prosperan?". Israel, pequeño pueblo, pobre, rodeado de "grandes potencias" idólatras, se atreve a confesar que más de una vez se ha sentido tentado de imitar a los paganos que pueden impunemente entregarse a la sed de poder, sin escrúpulos. Hace falta valor para reconocer que se siente "envidia del éxito" de los demás... Tentado de vivir como ellos, utilizando sus métodos, libre de todo impedimento y de toda conciencia.

A punto de sucumbir el fiel se hace HUESPED DE DIOS, "entra en la morada de Dios", y en la oración descubre que la prosperidad de los impíos es ilusoria y "a breve plazo": el hombre "sin Dios" no tiene porvenir, está en la pendiente de la nada. El justo, por el contrario, aun en la prueba conoce la felicidad indecible, de estar con Dios"... "Contigo" (se repite cuatro veces). Entonces, ¿qué importa lo demás?

SEGUNDA LECTURA: CON JESUS

** Impresiona pensar que Jesús en persona conoció esta tentación: "Te daré todos los reinos del universo y su gloria, si te postras delante de mí" (Lucas 4,5).

Pedro, ante el anuncio de la cruz, propone a Jesús, la facilidad; Jesús reacciona como si fuera mordido por la serpiente tentadora: "¡atrás", Satanás! "¡Eres un obstáculo en mi camino!" (Mateo 16,23).

Releamos este salmo pensando que Jesús está en la cruz, viendo a sus enemigos que triunfan aparentemente, y se burlan de El.

Jesús renovó explícitamente el diagnóstico severo de este salmo: ¡Ay de vosotros, ricos, porque habéis recibido vuestro consuelo! ¡Ay de vosotros los que ahora estáis hartos, porque tendréis hambre! ¡Ay de vosotros los que ahora reís, porque gemiréis y lloraréis!" (Lucas 6,24).

"Tentado" por la desesperación, Jesús se refugió en la certeza de su intimidad con el Padre. Previendo el abandono de sus amigos, dijo: "vosotros me abandonaréis. Pero no. Jamás estoy solo, el Padre está conmigo" (Juan 16,32).

"Tú me has tomado de la mano derecha, y me llevas a un destino glorioso". ¡Qué cierto es esto en la experiencia de Jesús, mediante la Resurrección!

TERCERA LECTURA: CON NUESTRO TIEMPO

*** *Atractivo del ateísmo.* No es cosa de hoy, que las "superpotencias" sin escrúpulo, puedan jactarse de su dominio. La tentación insidiosa del ateísmo es propia de todo tiempo, y se expresa en este salmo, de fondo muy moderno: "¿Es que Dios lo va a saber? ¿Se va a enterar el Altísimo?". "Es el argumento clásico" que Dios aparentemente no se ocupa de los hombres, tampoco nos preocupamos por El". "Si Dios fuera bueno, no habría tanto mal en el mundo...". ¡"Miren cómo prosperan los que no se complican con la moral"! Sí, Dios parece estar ausente.

Una nada, y caigo. Entre la tentación no culpable, y la caída culpable, hay sólo el espacio de un cabello, "una nada". Señor, ¡qué frágiles somos! Que seamos vigilantes, que nuestras dudas y tentaciones no se transformen en catástrofes definitivas.

"*Estúpido como un animal, no lo sabía, pero estaba contigo*". "¡Gran bestia!", parece decirse a sí mismo el salmista. ¡Reflexiona un poco! No seas como los brutos animales que se engordan sin ver más lejos, sin saber que caminan hacia el matadero. ¡Sé inteligente! Mira más lejos, hacia el porvenir.

"*Estoy siempre contigo... Me has tomado de la diestra.,*". Como Francisco de Asís, repitamos constantemente esto a Dios: "¡Mi Dios, y mi todo!". Esta luz puede cambiar una vida. ¡Cómo cambia la vida de un hombre o de una mujer, el sentirse amado! Dios está siempre conmigo, me lleva de la mano, como el enamorado que pasaría la vida entera mano sobre mano de la mujer amada.

Si vivimos esta experiencia de amor, podrá continuar el extraño espectáculo del éxito de los malvados, sin que ello nos turbe. Otros salmos nos dirán que hay que "combatir" el mal. Este se contenta con saborear que "Dios es": Primera y última frase del salmo.

הוֹדִינוּ לְּךָ אֱלֹהִים

SALMO PROFETICO

Que anuncia el "JUICIO"

ORACULO DIVINO:

"Haré justicia".

- Castigo de los malvados.

- Rehabilitación de los justos.

El mal será definitivamente vencido.

PRIMERA LECTURA: CON ISRAEL

* Aparentemente, esta "religión" es violenta, pues expresa deseos de venganza... "¡Que los impíos sean exterminados!". Los salmos de este estilo son de hecho, "exhortaciones proféticas". Hoy hacen falta "profetas". Gentes que por todo y contra todo, se atrevan a "cantar" ciertas verdades. Sabemos que hay que reaccionar contra ciertos deslices y

SALMO 74

DIOS JUZGARA

Te damos gracias, ¡oh Dios!, te damos gracias,
invocando tu nombre, pregonando tus maravillas.

«Cuando elija la ocasión,
yo juzgaré rectamente.
Aunque tiemble la tierra con sus habitantes,
yo he afianzado sus columnas».

Digo a los jactanciosos: no os jactéis;
a los malvados: no alcéis la cabeza,
no alcéis la frente contra el cielo,
no digáis insolencias contra la Roca.

La justicia no vendrá
ni del oriente ni del occidente,
ni del desierto ni de los montes,
sólo Dios gobierna:
a uno humilla, a otro ensalza.

El Señor tiene una copa en la mano,
un vaso lleno de vino drogado:
lo da a beber hasta las heces
a todos los malvados de la tierra.
Y yo siempre proclamaré su grandeza,
y tañeré para el Dios de Jacob:
derribaré el poder de los malvados,
y se alzará el poder del justo.

abandonos. Si el profeta apostrofa en forma vehemente a los "impíos" es para prevenir las masas de Israel siempre inclinadas hacia esa misma impiedad.

¿Quiénes son estos impíos, mencionados tres veces en este salmo? Pueden ser las naciones paganas que rodean amenazantes a Israel. Pueden ser los apóstatas, enemigos de Dios, frecuentemente violentos y opresores de los pobres, "poderosos de este mundo" sin Dios ni ley, que creen que todo les está permitido. La palabra que los caracteriza es la palabra "arrogancia".

Pero se afirma aquí, en forma contundente, que esta arrogancia y opresión tendrán un tiempo limitado: en el DIA ESCOGIDO POR DIOS, que sólo El sabe, todo ídolo será destruido, todo ateísmo aniquilado, toda maldad se acabará. ¡Si Dios es Dios, es vidente, que no hay ninguna posibilidad de coexistencia entre El y el mal! Este DIA DE DIOS, es el del Juicio escatológico.

SEGUNDA LECTURA: CON JESUS

** El Evangelio de Jesucristo se abre, en la boca de su madre María, con el canto del "Magníficat" cuyos acentos son los mismos de este salmo. "Desplegando el poder de su brazo, dispersó a los que se engríen. Bajó de sus tronos a los poderosos y exaltó a los humildes. Envió a los ricos con las manos vacías y colmó de bienes a los hambrientos...".

Los últimos domingos del año litúrgico, y los primeros domingos de Adviento nos presentan los famosos discursos escatológicos de Jesús, que vuelven sobre los temas de este salmo:

Trastorno cósmico: "grandes temblores de tierra, acontecimientos terroríficos" (Lucas 21,11). El salmista habla de la destrucción de la tierra.

"Nadie sabe el día, ni la hora, ni siquera el Hijo, solamente el Padre (Mateo 24,36). Y el salmo afirma la perfecta libertad de Dios: "A la hora fijada para la cita, haré justicia".

La tentación de los falsos Mesías, de los falsos salvadores: "mirad que no os dejéis engañar, porque muchos vendrán en mi nombre diciendo: Soy yo. O diciendo: el momento está próximo" (Lucas 21,8). El salmo hacía ya la afirmación de que la salvación "no viene ni del este, ni del oeste, sino únicamente de Dios".

Sí, Jesús recitó este salmo con toda verdad; El, el único justo; El, sobre quien se encarnizaron los impíos, El, que "venció al príncipe de este mundo".

Jesús afirmó con fortaleza, igual que este salmo, el "JUICIO" y la destrucción de todo MAL: "El Padre dio a su Hijo el poder de juzgar" (Juan 5,27). "Quien no da fruto, será cortado y echado al fuego" (Mateo 7,19). "Echadlo a las tinieblas exteriores donde será el llanto y el crujir de dientes" (Mateo 22,13). "Alejaos de mí, vosotros que hacéis el mal" (Lucas 13,27). "Vendrán los ángeles y separarán a los buenos de los malos" (Mateo 13,49). "Veía a Satanás caer del cielo como un relámpago" (Lucas 10,18). No suavicemos el pensamiento de Jesús. Este salmo puede ayudarnos a redescubrir ciertos aspectos del "combate" de Jesús que es el nuestro.

TERCERA LECTURA: CON NUESTRO TIEMPO

*** *El ateísmo arrogante y temporalmente triunfante.* "No alcéis la cabeza, no alcéis la frente contra el cielo...". Hay que estar loco para pensar que se puede aventajar a Dios. Dios tiene su tiempo y sus medios. En forma soberanamente libre, fijó "la hora del encuentro". No son los impíos quienes fijan a Dios la hora de su derrota: A la hora fijada por El, vencerá todo mal.

El vino espumoso lleno de droga. Es ésta una de las ímágenes más admirables del salmo. Buscando su propia exaltación, el hombre, paradójicamente, se destruye. La "droga" mediante la cual busca la felicidad, es instrumento de su perdición. El pensamiento semítico, en este punto, es de una violencia extrema: Creen embriagarse con sus propias conquistas, pero es Dios quien tiene la copa en la mano y derrama sobre ellos el vino con el que se embriagan a muerte. "Beberán hasta las heces su rechazo a Dios. No quieren a Dios, pues bien, que permanezcan para siempre sin Dios". Esto es el infierno.

Hay que escuchar estas advertencias proféticas, sin endulzarlas. Nadie se burla impunemente de Dios. ¡Gran verdad!

Pero digamos inmediatamente, que Dios ha hecho todo de su parte para que este rechazo extremo y definitivo no le suceda a nadie: "Dios quiere que todos los hombres se salven" (1 Timoteo 2,4). Envió a su Hijo al mundo no para condenar, sino para salvar.

Digamos finalmente, que no es Dios quien condena. Dios no condena a nadie. El hombre, por su obstinado rechazo a los dones de Dios y a las advertencias de Dios (incluyendo las de este salmo)... llega a este extremo.

Hay un lugar en que existe la justicia. El mundo moderno es sensible a la injusticia y a la maldad. La esperanza del Juicio Final es también la esperanza del DIA en que finalmente se hará justicia. Con este pensamiento, luchemos contra el mal ante todo en nuestra propia vida: ¡cuidémonos de aplicar este salmo únicamente a los demás! La impiedad, el rechazo de Dios, puede estar desgraciadamente en nuestro corazón. Continuemos luego la oración de este salmo, mediante la lucha incesante contra toda forma de mal en derredor nuestro.

Haz brillar tu Día y el tiempo de tu gracia. Para Jesús, cada evocación del "Día" de Dios es a la vez anuncio de castigo para los malos y anuncio de "vida eterna", mediante el don de la gracia. "Mediante la perseverancia obtendréis la vida" (Lucas 21,19).

קוֹלִי אֶל־אֱלֹהִים

PREGUNTA ANGUSTIOSA: UN GRITO...

— Angustia: Dios parece estar "lejos"

— Noche del alma

En esta angustia, cabe sólo una actitud: obstinarse en "meditar"...

Acordarse de los días prósperos...

Continuar la búsqueda...

¿SE ACABARIA LA ALIANZA DE DIOS?

= Su "amor" ("Hessed")

= Su "palabra"

= Su "gracia"

= Sus "entrañas"

¿Acabado todo este amor?

¡Esto no es posible!

Continúo meditando...

LA RESPUESTA A ESTE INTERROGANTE:

La "trascendencia" de Dios.

Seguridad de la "santidad" inaccesible de Dios..

Evocación de las "proezas"

De la liberación de Egipto:

SALMO 76

¿SE HA OLVIDADO DIOS DE SU BONDAD?

Alzo mi voz a Dios gritando,
alzo mi voz a Dios para que me oiga.

En mi angustia te busco, Señor mío;
de noche extiendo las manos sin descanso,
y mi alma rehúsa el consuelo.
Cuando me acuerdo de Dios, gimo,
y meditando me siento desfallecer.

Sujetas los párpados de mis ojos,
y la agitación no me deja hablar.
Repaso los días antiguos,
recuerdo los años remotos;
de noche lo pienso en mis adentros,
y meditándolo me pregunto:

¿Es que el Señor nos rechaza para siempre
y ya no volverá a favorecernos?
¿Se ha agotado ya su misericordia,
se ha terminado para siempre su promesa?
¿Es que Dios se ha olvidado de su bondad,
o la cólera cierra sus entrañas?

Y me digo: ¡Que pena la mía!
¡Se ha cambiado la diestra del Altísimo!
Recuerdo las proezas del Señor;
sí, recuerdo tus antiguos portentos,
medito todas tus obras
y considero tus hazañas.
Dios mío, tus caminos son santos:
¿qué dios es grande como nuestro Dios?

Tú, ¡oh Dios!, haciendo maravillas,
mostraste tu poder a los pueblos;
con tu brazo rescataste a tu pueblo,
a los hijos de Jacob y de José.

— El paso del Mar Rojo...

— La teofanía del Sinaí...

Nubes
Rayo

Trueno
Relámpagos

"El camino de Dios...
"Nadie conoce sus huellas...

TENER CONFIANZA:

Invencible esperanza, pues Dios nos "lleva de la mano".

PRIMERA LECTURA: CON ISRAEL

* En el momento trágico de su historia, Israel creía estar abandonado de Dios. En lugar de entregarse a la desesperación, "ora durante la noche"... Conforme a la actitud de su antepasado Jacob en el pozo de Yabboq, cuando "luchó contra Dios" y recibió el nombre de "Israel" (el "luchador"). (Génesis 32,23-33). Rechazar los consuelos del inmovilismo, continuar orando, no abandonar esta oración-acción, que es una especie de combate. Plantear a Dios nuestros interrogantes: "¿Se acabarían tu Alianza y tu Amor?". El salmista recibe una respuesta sobrena-

Te vio el mar, ¡oh Dios!,
te vio el mar y tembló,
las olas se estremecieron.

Las nubes descargaban sus aguas,
retumbaban los nubarrones,
tus saetas zigzagueaban.

Rodaba el fragor de tu trueno,
los relámpagos deslumbraban el orbe,
la tierra retembló estremecida.

Tú te abriste camino por las aguas,
un vado por las aguas caudalosas,
y no quedaba rastro de tus huellas:

mientras guiabas a tu pueblo, como a un rebaño,
por la mano de Moisés y de Aarón.

tural: Dios es trascendente, más allá de todo, inaccesible. "La santidad es su camino". ¿Es esto acaso no querer dar la respuesta? Por el contrario, es la única respuesta verdaderamente profunda. Carecemos de perspectiva para juzgar las desgracias que podrían sobrevenirnos.

No tenemos la escala de valores correcta para juzgar lo que nos sucede. Se nos escapa el sentido de la historia. Dios igualmente se nos escapa. No podemos ponerlo mágicamente a nuestro servicio. La teofanía es símbolo de esta santidad todopoderosa fuera de nuestro alcance: No podemos dominar la tempestad.

SEGUNDA LECTURA: CON JESUS

** En la noche de su agonía y en el Gólgota, Jesús experimentó también el sentimiento de estar "abandonado por Dios": "Dios mío, ¿por qué me has abandonado?" (Marcos 15,34). Al escuchar que el salmo habla de "hazañas", de "maravillas", cuando asistimos al "temblor de tierra" y a la gloria que "ilumina el mundo", no podemos menos de pensar en la Resurrección de Jesús.

TERCERA LECTURA: CON NUESTRO TIEMPO

*** *La angustia que quita el sueño.* Cuando el salmista dice: "alejas de mis ojos el sueño"... Y "por la noche se alzaban a El mis manos sin descanso"... Podemos orar con los enfermos para quienes las noches son largas horas de insomnio. Pensamos en esta enfermedad tan característica de nuestro tiempo. El autor del salmo, aprovechaba estas noches de insomnio para meditar por más tiempo. ¿Por qué no hacerlo nosotros?

Noche del alma, sentimiento de ausencia de Dios. Por San Juan de la Cruz y Santa Teresa de Avila, y todos los místicos, sabemos que la "noche" es el símbolo de esta purificación por la cual el hombre debe pasar para encontrar a Dios. La "fe", en sí misma, es ya una especie de noche. "Nadie ha visto a Dios". Jesús era consciente de esta oscuridad de la fe, cuando pronunciaba su última Bienaventuranza: "Bienaventurados, aquellos que creen sin haber visto". El mundo contemporáneo, influido por el ateísmo, es más sensible que otros tiempos al "silencio" de Dios. ¿Hay que desanimarse por esto y abandonar la tarea? ¿No será acaso una invitación purificadora a ir más lejos en la búsqueda del Dios verdadero, despojándola de todas nuestras representaciones? El Todo-próximo es también el Todo-otro.

La oración como lucha. Este salmo nos brinda la ocasión de meditar en el significado admirable de esta palabra hebrea "Israel", que significa "el que luchó con Dios". Frecuentemente consideramos la oración como un "discurso", cuando ante todo es un "acto". El hombre que ora no gimotea, lucha. En este salmo, en particular, tenemos un hombre decidido a ir hasta las últimas consecuencias de una especie de combate: "Se alzan mis manos sin descanso... Mi alma rehúsa el consuelo". Jesús también nos recomendó esta obstinada perseverancia, que hace de la oración cosa muy distinta a "huir de la realidad". Si esto es así, "oración" y "acción" van juntas.

O bien, Dios es trascendente, o no lo es. Cuando creemos haber alcanzado a Dios, es porque nuestra imaginación nos traiciona: Dios está más allá, superando totalmente nuestra limitada comprensión. Sin embargo, tenemos un medio privilegiado de conseguirlo: la "memoria". El recuerdo de sus OBRAS en la historia y el Memorial de Jesucristo, su intervención esencial. Era lo que hacía el salmista: "Me acuerdo... Medito... Pienso en los días pasados... Recuerdo tus maravillas de antaño... Recuento tus hazañas...".

הַאֲזִינָה עַמִּי תּוֹרָתִי

Hay en el libro de los salmos, varios poemas largos, que cuentan la historia de Israel. Se los podría llamar "Pedagogía de la HISTORIA"... O bien "lecciones de VIDA"... Más que de un relato, se trata de una interpretación, una "búsqueda de sentido". Israel tenía en alta estima la enseñanza de la historia en la educación de nuevas generaciones: los hechos del pasado no pueden olvidarse, tienen un "sentido" para el "hoy". Es casi un deber sagrado para todo padre de familia "contar la historia de Israel" a sus hijos. El esquema de interpretación es sencillo:

— *Dios manifiesta su bondad haciendo en favor de su pueblo hechos maravillosos.*

— *Sin embargo este pueblo es infiel y no reconoce estos beneficios.*

— *Cae, entonces, en la desgracia y se siente castigado.*

— *Se arrepiente de sus faltas y se convierte: Dios lo perdona siempre.*

— *Luego, nuevas "maravillas" de Dios... Y, desgraciadamente, el ciclo recomienza.*

Este esquema puede parecer un poco simplista. Recordemos que es universal. No sólo Israel abusa "de la prosperidad" para dejarse arrastrar por la corrupción y la injusticia... Y despierta mediante los "fracasos" que lo hacen reflexionar en el destino profundo de la existencia... Todos los grupos humanos hacen esta experiencia. Es como una "ley de la historia". Si estamos atentos, descubriremos sin lugar a duda en esta trama nuestra propia "historia personal".

SALMO 77

QUE NO LO OLVIDEN...

Escucha, pueblo mío, mi enseñanza,
inclina el oído a las palabras de mi boca:
que voy a abrir mi boca a las sentencias,
para que broten los enigmas del pasado.

Lo que oímos y aprendimos,
lo que nuestros padres nos contaron,
no lo ocultaremos a sus hijos,
lo contaremos a la futura generación:
las alabanzas del Señor, su poder,
las maravillas que realizó;
porque él estableció una norma para Jacob,
dio una ley a Israel.

El mandó a nuestros padres
que lo enseñaran a sus hijos,
para que lo supiera la generación siguiente;
los hijos que nacieran después.

Que surjan y lo cuenten a sus hijos,
para que pongan en Dios su confianza
y no olviden las acciones de Dios,
sino que guarden sus mandamientos;

para que no imiten a sus padres,
generación rebelde y pertinaz;
generación de corazón inconstante,
de espíritu infiel a Dios.

Los arqueros de la tribu de Efraím
volvieron la espalda en la batalla;
no guardaron la alianza de Dios,
se negaron a seguir su ley,

echando en olvido sus acciones,
las maravillas que les había mostrado,

cuando hizo portentos a vista de sus padres,
en el país de Egipto, en el campo de Soán:

hendió el mar para abrirles paso,
sujetando las aguas como muros;
los guiaba de día con una nube,
de noche con el resplandor del fuego;

hendió la roca en el desierto,
y les dio a beber raudales de agua;
sacó arroyos de la peña,
hizo correr las aguas como ríos.

Pero ellos volvieron a pecar contra él,
y en el desierto se rebelaron contra el Altísimo:
tentaron a Dios en sus corazones,
pidiendo una comida a su gusto;

hablaron contra Dios: «¿Podrá Dios
preparar una mesa en el desierto?
El hirió la roca, brotó agua
y desbordaron los torrentes;
pero ¿podrá también darnos pan,
proveer de carne a su pueblo?».

Lo oyó el Señor, y se indignó;
un fuego se encendió contra Jacob,
hervía su cólera contra Israel,
porque no tenían fe en Dios
ni confiaban en su auxilio.

Pero dio orden a las altas nubes,
abrió las compuertas del cielo:
hizo llover sobre ellos maná,
les dio un trigo celeste;
y el hombre comió pan de ángeles,
les mandó provisiones hasta la hartura.

Hizo soplar desde el cielo el levante,
y dirigió con su fuerza el viento sur;
hizo llover carne como una polvareda,
y volátiles como arena del mar;
los hizo caer en mitad del campamento,
alrededor de sus tiendas.

Ellos comieron y se hartaron,
así satisfizo su avidez;
pero con la avidez recién saciada,
con la comida aún en la boca,
la ira de Dios hirvió contra ellos:
mató a los más robustos,
doblegó a la flor de Israel.

Y con todo, volvieron a pecar,
y no dieron fe a sus milagros:
entonces consumió sus días en un soplo,
sus años en un momento;

y cuando los hacía morir, lo buscaban,
y madrugaban para volverse hacia Dios;
se acordaban de que Dios era su roca,
el Dios Altísimo, su redentor.

Lo adulaban con sus bocas,
pero sus lenguas mentían:
su corazón no era sincero con él,
ni eran fieles a su alianza.

El, en cambio, sentía lástima,
perdonaba la culpa y no los destruía:
una y otra vez reprimió su cólera,
y no despertaba todo su furor;
acordándose de que eran de carne,
un aliento fugaz que no torna.

¡Qué rebeldes fueron en el desierto,
enojando a Dios en la estepa!
Volvían a tentar a Dios,
a irritar al Santo de Israel,
sin acordarse de aquella mano
que un día los rescató de la opresión:

cuando hizo prodigios en Egipto,
portentos en el campo de Soán;
cuando convirtió en sangre los canales
y los arroyos, para que no bebieran;

cuando les mandó tábanos que les picasen,
y ranas que los hostigasen;

cuando entregó a la langosta sus cosechas,
y al saltamontes el fruto de sus sudores;

cuando aplastó con granizo sus viñedos,
y con escarcha sus higueras,
cuando entregó sus ganados al pedrisco,
y al rayo sus rebaños;

cuando lanzó contra ellos el incendio de su ira,
su cólera, su furor, su indignación,
y, despachando a los siniestros mensajeros,
dio curso libre a su ira:

no los salvó de la muerte,
entregó sus vidas a la peste;
cuando hirió a los primogénitos en Egipto,
a las primicias de la virilidad en las tiendas de Cam.

Sacó como un rebaño a su pueblo,
los guió como un hato por el desierto,
los condujo seguros, sin alarmas,
mientras el mar cubría a sus enemigos;

los hizo entrar por las santas fronteras
hasta el monte que su diestra había adquirido;
ante ellos rechazó a las naciones,
les asignó por suerte su heredad:
instaló en sus tiendas a las tribus de Israel.

Pero ellos tentaron a Dios Altísimo y se rebelaron,
negándose a guardar sus preceptos;
desertaron y traicionaron como sus padres,
fallaron como un arco, engañoso;
con sus altozanos lo irritaban,
con sus ídolos provocaban sus celos.

Dios lo oyó y se indignó,
y rechazó totalmente a Israel;
abandonó su morada de Silo,
la tienda en que habitaba con los hombres;

abandonó sus valientes al cautiverio,
su orgullo a las manos enemigas;
entregó su pueblo a la espada,
encolerizado contra su heredad;

el fuego devoraba a los jóvenes,
y las novias ya no tenían cantos;
los sacerdotes caían a espada,
y sus viudas no los lloraban.

Pero el Señor se despertó como de un sueño,
como un soldado vencido por el vino:
hirió al enemigo en la espalda,
infligiéndole una derrota perdurable.

Repudió las tiendas de José,
no escogió la tribu de Efraím;
escogió la tribu de Judá
y el monte Sión, su preferido.
Construyó su santuario como el cielo,
como a la tierra lo cimentó para siempre.
Escogió a David su siervo,
lo sacó de los apriscos del rebaño;
de andar tras las ovejas, lo llevó
a pastorear a su pueblo Jacob,
a Israel, su heredad.
Los pastoreó con corazón íntegro,
los guiaba con mano inteligente.

PRIMERA LECTURA: CON ISRAEL

* Este largo recuento histórico no es ni desesperado, ni desesperante, a pesar de las apariencias. A los pecados renovados sin cesar, Dios responde siempre con el perdón y nuevos beneficios. A pesar de todas las "infidelidades", Dios permanece "fiel" a su Alianza.

SEGUNDA LECTURA: CON JESUS

* El salmo culmina con una perspectiva de esperanza: todo se espera de un DAVID rey-pastor íntegro, prudente que guía a su pueblo. Y Jesús se presenta como este "Pastor" que viene a "dar su vida para salvar a su pueblo" (Juan 10). No olvidemos nunca que Jesús entró en aquella historia y que es El mismo, un "hecho histórico". Nuestra fe cristiana no es tanto una "doctrina" como un acontecimiento. Igual que este salmo, el Evangelio de San Juan resume toda la historia en un drama: el rechazo permanente opuesto por el incrédulo a los múltiples dones de Dios. "Vosotros me véis, y no creéis" (Juan 6,36). "Os lo he dicho y no me creéis" (Juan 10,25).

TERCERA LECTURA: CON NUESTRO TIEMPO

*** *Mantener la fe.* La mayor parte de las grandes obras humanas, igual que las "parejas" que se unen, comienzan con entusiasmo y generosidad. Luego existe el riesgo de que el éxito, el lento trabajo del tiempo, los fracasos, disminuyan el fervor primitivo... Luego, la rutina. Con la fe ocurre lo mismo: si no se mantiene el impulso, si no se alimenta la llama, se apagará poco a poco. El papel de la Misa es el de mantener vivo el recuerdo de la Alianza... El recuerdo de la "agua viva" que Dios da, del "pan del cielo" que Dios da, de la "tierra prometida" que Dios da, del "Pastor salvador" que Dios da...

El sentido de la historia, el sentido de los hechos. Para nosotros los cristianos, Dios no está relegado allá arriba en su eternidad: tenemos con El puntos de contacto... Los acontecimientos de nuestra vida. Dios es un compañero, nuestro "aliado", hace la "Alianza" con nosotros. Mi "historia" le interesa, porque se alió por amor conmigo. Si sé leer los signos de mi vida... Dios está allí.

Política y religión. Si hay un tema de actualidad, es éste, ya sea que se reproche a la Iglesia el "hacer política", o por el contrario que se acuse a la fe de ser irreal e ineficaz. Sería desconocer la Biblia querer encontrar en ella una especie de "espíritu desencarnado" fuera de la realidad. Toda la trama de la Biblia está en el compromiso de Dios con la historia de su pueblo. La vida humana interesa a Dios.

La vida colectiva de los grupos humanos, de las naciones, de los medios sociales, influyen profundamente en su vida religiosa. Luchar por la justicia, por la liberación, dar de comer, promover condiciones decentes de alojamiento... Todo ello apasiona a Dios. Este salmo llega a decir: "expulsa a las naciones ante ellos... Les da el trigo, les envía víveres. Les da una heredad...". El tema de la Alianza, es justamente una acción común entre Dios y el hombre. Seríamos hoy infieles a Dios, si no nos comprometiéramos en el servicio de la humanidad: los "Derechos del hombre" son también la "Causa de Dios". La gloria de Dios, es el hombre viviente.

El pecado colectivo. El desarrollo de la confesión individual ha contribuido a lo largo de los siglos a encerrar el pecado en el secreto de las conciencias, como si se tratara de un asunto estrictamente privado. Ahora bien, este salmo nos recuerda que hay pecados que marcan todo un conjunto humano, todo un pueblo. Hay que tomar conciencia de nuestra participación en mentalidades colectivas gravemente culpables: mentalidades culpables de mi profesión, de mi medio, de los grupos a que pertenezco. Los países occidentales por ejemplo, de consumo exagerado, de despilfarro en algunos casos, son colectivamente culpables hacia los países del Tercer Mundo, cuando éstos reclaman un mejor nivel de vida, un alza en los precios de los productos que venden a los países ricos.

הַרְנִינוּ לֵאלֹהִים

INVITACION PARA CELEBRAR LA FIESTA
DE LOS TABERNACULOS

Gritad... Aclamad... ¡Alegría!

Tocad todos los instrumentos...

Hubo una especie de "tratado"

Una regla, una ordenanza, una ley...

Para celebrar un "acontecimiento"

ORACULO DIVINO:

Dios toma la palabra.

LAS OBRAS DE DIOS

La "¡Liberación!"

La "Salvación"

El "don de la ley en el Sinaí"

LA RESPUESTA DEL HOMBRE

El recuerdo de "la Alianza"
¡Dios querría colmar a su pueblo!

Pero a todos estos beneficios
la respuesta ha sido negativa.

SALMO 80

"SI MI PUEBLO ME ESCUCHARA..."

Aclamad a Dios, nuestra fuerza;
dad vítores al Dios de Jacob:

acompañad, tocad los panderos,
las cítaras templadas y las arpas;
tocad la trompeta por la luna nueva,
por la luna llena, que es nuestra fiesta;

porque es una ley de Israel,
un precepto del Dios de Jacob,
una norma establecida para José
al salir de Egipto.

Oigo un lenguaje desconocido:
«Retiré sus hombros de la carga,
y sus manos dejaron la espuerta.

Clamaste en la aflicción, y te libré,
te respondí oculto entre los truenos,
te puse a prueba junto a la fuente de Meribá.

Escucha, pueblo mío, doy testimonio contra ti;
¡ojalá me escuchases, Israel!

No tendrás un dios extraño,
no adorarás un dios extranjero;
yo soy el Señor Dios tuyo,
que te saqué del país de Egipto;
abre tu boca y yo la saciaré.

Pero mi pueblo no escuchó mi voz,
Israel no quiso obedecer:
los entregué a su corazón obstinado,
para que anduviesen según sus antojos.

LA NUEVA PROPOSICION DE DIOS

Dios está siempre disponible
"¡Estoy siempre listo a liberaros de nuevo!"
"A alimentaros de trigo y miel..."

PRIMERA LECTURA: CON ISRAEL

* El gran mes del año, en Israel, era el mes de las cosechas: "Tishri".

Se celebraban 4 grandes días: el "primero" era la "neomenía", el día del año nuevo... El Séptimo día, era la fiesta de las trompetas... El Décimo día, fiesta de las Expiaciones... El decimoquinto día, era la gran celebración del año, la Fiesta de los Tabernáculos. Este era un día de regocijo, que cantaba a la vez las vendimias y la permanencia en el desierto. Era una ocasión de "renovar LA ALIANZA". Este salmo 80 hacía parte del ritual del día. Dios en persona, en un Oráculo, toma la palabra, para recordar el "contrato": "Yo soy vuestro Dios, y vosotros sois mi pueblo... ¡No tengáis otro dios ante Mí!". Dios recuerda todo lo que ha hecho por Israel, e invita a una mayor fidelidad: "deseo llenaros aún más, escuchad mi voz".

¡Ojalá me escuchase mi pueblo
y caminase Israel por mi camino!:
en un momento humillaría a sus enemigos
y volvería mi mano contra sus adversarios;

los que aborrecen al Señor te adularían,
y su suerte quedaría fijada;
te alimentaría con flor de harina,
te saciaría con miel silvestre».

SEGUNDA LECTURA: CON JESUS

** "¡Ah! Si mi pueblo me escuchara". Casi con las mismas palabras Jesús nos presenta esta escena increíble de Dios implorando a sus criaturas: "¡ah! Si tú, Jerusalén, hubieras sabido encontrar la paz". Un Dios que quiere hacer beneficios y tiene que sufrir el rechazo. "Abre la boca y Yo te la llenaré... Si me escuchas, te alimentaré con la flor del trigo y te saciaré con la miel silvestre". A partir de Jesús, no se trata de simples metáforas: nos dio el Pan de Vida, que es "El mismo", bajo la forma de un alimento espiritual.

"Retiré sus hombros de la carga, sus manos dejaron la espuerta".

Jesús también nos propone aligerar nuestra carga: "Venid a Mí todos los que estáis fatigados y agobiados que Yo os aliviaré" (Mateo 11,28).

TERCERA LECTURA: CON NUESTRO TIEMPO

*** *Invitación a la alegría y a la fiesta.* Dios quiere un pueblo "alegre". ¿Lo somos nosotros? ¿Nuestras "asambleas" de culto son lo que Dios espera? ¿Utilizamos los instrumentos musicales para que la fiesta sea más bella? La Fiesta de los Tabernáculos se realizaba en parte al aire libre, en la explanada del Templo y en las calles. La invitación a "tocar los tambores" es también una invitación a bailar con alegría. La mayoría de nuestros jóvenes, hoy, encuentran nuestras Misas aburridas. ¡Qué tristeza! Se necesitan momentos "de silencio" y de recogimiento. Es verdad... Pero también debe haber otros de "aclamaciones" y alegría exultante.

La Liberación: quitar las cargas, descargar los fardos, salvar de la opresión. Este tema tiene fuerte resonancia en nuestra época moderna. No podemos renunciar a ellos porque ideologías inescrupulosas los hayan utilizado para crear nuevas formas de opresión. ¡Ser libre! ¡Acabar con los opresores! El tema aparece en toda la Biblia. El salmo 80 recuerda que Dios entró en combate y se comprometió a liberar a Israel de los males que sufría en tierra de esclavitud, simbolizada por Egipto... (Dios no hace ninguna clase de racismo; Egipto, mencionado aquí, no recibe ninguna maldición definitiva. El símbolo corresponde a cualquier hombre opresor) y yo, ¿no seré una especie de tiranuelo para tal o cual persona que sufre con mi presencia, con mi autoridad, con mi temperamento? ¿No echo cargas sobre los hombros de los demás, en la familia, en mi lugar de trabajo?

La Liberación radical de la opresión más radical: la resurrección. Sin abandonar los combates diarios contra todo mal, que podemos "enfrentar" o "destruir"... recordemos que estos combates serían tan sólo escaramuzas temporales y efímeras, si la resurrección no existiera. La opresión más terrible, es la muerte. Es ilusorio prometer el paraíso en la tierra. Aunque estemos cómodamente "instalados", habrá que "desocupar". Sólo mediante la fe participamos de esta liberación, llamada "resurrección". Como cristianos debemos ser testimonio de esta liberación, la única definitiva. Nuestra fiesta semanal, el domingo, celebra precisamente esto. Sería una lástima que no hiciéramos de ella una fiesta hermosa, alegre, llena de dinamismo cristiano.

Los reproches de Dios, expresados con acentos de ternura. ¡Ah! ¡Si mi pueblo me escuchara! Este "sí" debe hacernos reflexionar. Expresa el gran respeto de Dios hacia nuestra libertad: El nos la ha dado. No la violentará. Pero, ¡qué pesar causamos a Dios utilizando mal esta libertad! Entonces, el peor castigo, es abandonarnos a nuestra miserable experiencia: "Y los abandoné a su obstinado corazón, para que siguieran según sus antojos!". Como si Dios dijera: quería liberarte, llenarte de bienes, hacerte feliz... ¡Pero tú no lo quisiste! Pues bien, haz la experiencia contraria. "Si tú lo quieres...".

Pero Dios igual que un padre digno de ese nombre jamás se resigna a este fracaso: espera generoso la vuelta de su hijo pródigo. "Si finalmente abres la boca, la saciaré con la flor del trigo y la miel...".

מַה־יְּדִידוֹת מִשְׁכְּנוֹתֶיךָ

ALEGRIA de estar en la "Casa" de Dios

Una imagen: el pajarillo que anida en el Templo...

¡Felices!

¡Felices!

Otra imagen:
la fuente refrescante.

Las lluvias de la primavera.
La realidad: ¡estar "ante Dios"!

Oye...
Escucha...
Ve...
Mira...
He escogido.
Aun el último lugar "en Casa de Dios",
Vale más que todo el resto.
Dios, un sol.
Un escudo.

SALMO 83

BIENAVENTURADOS LOS QUE HABITAN EN TU CASA

¡Qué deseables son tus moradas,
Señor de los ejércitos!
Mi alma se consume y anhela
los atrios del Señor,
mi corazón y mi carne
se alegran por el Dios vivo.

Hasta el gorrión ha encontrado una casa;
la golondrina, un nido
donde colocar sus polluelos:
tus altares, Señor de los ejércitos.
Rey mío y Dios mío.

Dichosos los que viven en tu casa
alabándote siempre.
Dichosos los que encuentran en ti su fuerza
al preparar su peregrinación:

cuando atraviesan áridos valles,
los convierten en oasis,
como si la lluvia temprana
los cubriera de bendiciones;
caminan de altura en altura
hasta ver a Dios en Sión.

Señor de los ejércitos, escucha mi súplica;
atiéndeme, Dios de Jacob.
Fíjate, ¡oh Dios!, en nuestro Escudo,
mira el rostro de tu Ungido.

Un solo día en tu casa
vale más que otros mil,
y prefiero el umbral de la casa de Dios
a vivir con los malvados.
Porque el Señor es sol y escudo,

El da la gracia
El da la gloria
El da la felicidad

¡Felices!

PRIMERA LECTURA: CON ISRAEL

* El salmo 83 es un salmo de peregrinación. Celebra la "Casa de Dios". Difícilmente comprendemos lo que significaba el "Templo" para un judío, nosotros que construimos "iglesias" en cada ciudad y varias "iglesias" en una misma ciudad... Sólo había un lugar de culto, en una sola ciudad, Jerusalén. Los judíos de Palestina "subían" a Jerusalén una vez al año, y los de la "diáspora" debían subir al menos una vez en su vida.

Era el acontecimiento. El viaje peligroso. El deseo esencial. Ver Jerusalén y morir... Cuando el Templo aparecía a la vista, había una explosión de alegría. ¿Por qué se ha hecho de la religión del Antiguo Testamento una religión de temor? Releamos este salmo: es un enamorado de Dios el que habla y un gran poeta. Diecisiete veces pronuncia el nombre de su "amor": Yahvéh, traducido aquí por Señor... Dios, mi Dios... Dios viviente...

él da la gracia y la gloria,
el Señor no niega sus bienes
a los de conducta intachable.

¡Señor de los ejércitos, dichoso el hombre
que confía en ti!

Notemos de paso la belleza de las imágenes: el peregrino mira a los pajarillos revolotear alrededor del Templo y a sí mismo se ve como una golondrina que anida bajo el techo de la Casa de Dios... La presencia de Dios "cambia en fuente" el valle árido de la sed (a veces se ha traducido por "valle de lágrimas")... Dios es un "sol"...

SEGUNDA LECTURA: CON JESUS

** Jesús cantó con toda seguridad este salmo. Los evangelios de Lucas y Juan están construidos con base en las "subidas" de Jesús a Jerusalén como buen judío que era, hacía su peregrinación anual, mezclado entre la muchedumbre.

La atmósfera de inmensa alegría que respira este salmo corresponde perfectamente al episodio célebre en que el Niño Jesús abandona a

María y José para "quedarse" en el Templo: la primera "palabra" que conocemos de Jesús la pronunció en el Templo de Jerusalén y fue justamente para manifestar su amor a la "Casa de Dios"... "¿No sabíais que debo estar en casa de mi Padre?" (Lucas 2,49).

TERCERA LECTURA: CON NUESTRO TIEMPO

*** *El lugar habitado por Dios: el pesebre de Belén, la pobre casa de Nazareth*, desde que el Hijo de Dios se hizo hombre; después de Jesús, la "Casa de Dios", el Templo de Dios es el Cuerpo de Jesucristo. "Destruid este Templo, Yo lo reedificaré en tres días" (Juan 2,19). Releamos este salmo 83 ante el pesebre, ante el Tabernáculo... Admiremos la increíble familiaridad: al deseo intenso de habitar "con Dios" expresado en este salmo; Dios respondió viniendo El mismo a habitar "con el hombre". En lo sucesivo, la presencia de Dios no se manifestará únicamente en el grandioso e impresionante TEMPLO DE JERUSALEN, sino en el establo de Belén, en el taller de Nazareth. Dios se manifestará también en "el niño" que arrulla una mamá. La presencia de Dios será en lo sucesivo "jugar con los compañeritos"... "Atravesar la calle"... "Hacer los mandados de mamá"... "Aprender el oficio de papá"... "Ganarse la vida ejerciendo el oficio de carpintero"... "Levantarse temprano para orar al Padre"... "Curar a los que sufren"... "Morir"... "Hacerse el pan y el vino de los hombres"... Esto es mi Cuerpo.

El nido. ¿Se trata simplemente de una imagen? Cada ser viviente tiene el "abrigo" adaptado a su naturaleza. El nido del pajarillo es una pequeña maravilla de intimidad... Lo es también el nido de la zorra, el nido de todos los animales: lugar cálido en que las madres depositan a sus pequeñuelos durante el "tiempo de su fragilidad", el "tiempo de aprestamiento para la vida". ¿No es el hombre a menudo un pájaro sin nido? ¿Puede contentarse el hombre con un techo, una cama, una mesa? ¿No tiene necesidades más elevadas? ¿Y si fuera verdad, lo que dice el salmo? "Hasta el gorrión ha encontrado una casa: tus altares, Señor de los ejércitos, Rey mío y Dios mío". Depende de ti que esta imagen no sea únicamente la hermosa creación de un poeta, sino la patética expresión de tu experiencia espiritual. Tu alma, como la golondrina, ¿ha encontrado ya su nido? ¿Dónde está? ¡Tienes que hacer tu nido! En medio de las tempestades, cuando ruge la borrasca, ¿tienes tú un lugar en donde refugiarte?

Prefiero. "Prefiero estar en el umbral de la Casa de Dios a vivir con los malvados... Un día en tu casa, vale más que mil... Felices los que habitan tu casa... Bienaventurados los hombres que encuentran en Ti su fuerza...". ¡Sí! ¡Felices los que han escogido a Dios! Cabe una relación entre esta elección y la famosa "apuesta" de Pascal. El hombre que eligió el ateísmo, eligió de hecho la nada, eligiendo una pobre vida humana, tan inconsistente, tan corta, y que se desvanece en la "nada". No hay medida común entre la vida "con Dios" que trasciende el tiempo, que es eterna, y lo que no es Dios. Escoger el absoluto, es escoger "vivir"... Es escoger "más que mil".

Se abren caminos en el corazón. El creyente tiene un camino en el corazón. Sabe a dónde va. Sabe que va hacia el "encuentro", hacia "la Casa de Dios". Su "alma", su "corazón", su "carne" son un "grito hacia Dios".

רְצִיתָ יְהוָה אַרְצֶךָ

ACCIONES DE DIOS EN EL PASADO:

— Tú has amado...

— Tú has liberado a los deportados...

— Tú has perdonado el pecado...

— Tú has ocultado la falta...

— Tú has puesto fin...

— Tú has vuelto...

ORACION PARA HOY:

— Vuelve a nosotros...

— Olvida nuestros pecados...

— Vuelve a darnos vida...

— Sé nuestra alegría...

— Haz que veamos tu amor...

— Danos tu salvación...

RESPUESTA DE DIOS:

— Paz...

— Salvación...

— Permanencia de Dios entre los hombres.

— Amor y verdad...

— Justicia y paz...

— Verdad...

SALMO 84

LA GLORIA HABITARA EN NUESTRA TIERRA

Señor, has sido bueno con tu tierra,
has restaurado la suerte de Jacob,
has perdonado la culpa de tu pueblo,
has sepultado todos sus pecados,
has reprimido tu cólera,
has frenado el incendio de tu ira.

Restáuranos, Dios salvador nuestro;
cesa en tu rencor contra nosotros.
¿Vas a estar siempre enojado,
o a prolongar tu ira de edad en edad?

¿No vas a devolvernos la vida,
para que tu pueblo se alegre contigo?
Muéstranos, Señor, tu misericordia
y danos tu salvación.

* * *

Voy a escuchar lo que dice el Señor:
«Dios anuncia la paz
a su pueblo y a sus amigos
y a los que se convierten de corazón».

La salvación está ya cerca de sus fieles,
y la gloria habitará en nuestra tierra;
la misericordia y la fidelidad se encuentran,
la justicia y la paz se besan;

la fidelidad brota de la tierra,
y la justicia mira desde el cielo;
el Señor dará la lluvia,
y nuestra tierra dará su fruto.

— Justicia...

— Felicidad...

— Justicia...

PRIMERA LECTURA: CON ISRAEL

* Un verbo se repite: "regresar". Este salmo está marcado en su totalidad por el tema del "retorno". La situación que dio origen a este salmo no es otra que el regreso de los deportados de Babilonia. Con base en este acontecimiento histórico, considerado como un acto de perdón de Dios, se le pide una nueva gracia. Luego del entusiasmo por el retorno de las primeras caravanas de prisioneros liberados, se encuentra uno súbitamente ante la decepción de lo "cotidiano": la reconstrucción del Templo tomaba tiempo y los enemigos hostigaban sin cesar a los nuevos repatriados (Esdras 4,4).

El plan del salmo es claro:

La primera estrofa recuerda las intervenciones de Dios en el pasado: seis verbos en pasado que tienen a Dios como autor. Luego dos estrofas que expresan la oración actual, y que se resume en dos peticiones: "Haznos volver". "¿No volverás?".

Finalmente el salmista se recoge para "escuchar" la respuesta de Dios en forma de ORACULO: Sí, Dios promete que va a volver, trayendo sus beneficios.

Desde el punto de vista literario, admiremos el juego danzante de repetición de palabras. Once palabras se repiten: regresar, salvación, amor, verdad, justicia, cólera, dar, tierra, pueblo, decir... paz...

SEGUNDA LECTURA: CON JESUS

** Cuando Jesús recitaba este salmo, debía pensar que El era en

La justicia marchará ante él,
la salvación seguirá sus pasos.

persona, la "realización" perfecta de lo esperado y deseado. La humanidad decía: "¿volverás Tú, Señor?". No sabía aún, que Dios había ya decidido "venir". Jesús sabía que El era "la venida de Dios" "germen de la tierra" por María su madre, pero también "la pendiente del cielo" por su origen divino.

Observemos cuatro realizaciones de este salmo en el Evangelio:

"Lo que dice el Señor son palabras de paz". Desde el nacimiento de Jesús los ángeles en nombre de Dios cantan un mensaje de PAZ (Lucas 2,14).

"Su salvación está próxima". El nombre de Jesús significa "Dios-salvación" (Mateo 1,21).

"La gloria habitará en nuestra tierra" (Lucas 2,32), (Juan 1,14).

"Se encuentran el amor y la verdad". "La gracia y la verdad nos vinieron por Jesucristo", (Juan 1,17).

Finalmente, en la parte media del salmo hay una expresión: "quiero escuchar" lo que dirá el Señor. Jesús es justamente presentado por San Juan como el Verbo, la palabra, en que Dios pronuncia lo que quiere decirnos (Juan 1,1-14).

TERCERA LECTURA: CON NUESTRO TIEMPO

*** *El pasado, el presente, el porvenir.* Así como el pueblo de Israel recordaba los beneficios que Dios le había hecho en el pasado, para tener seguridad de su protección en el futuro, nosotros también, en los días de prueba, debemos recordar las gracias que han marcado nuestra infancia, nuestra juventud, nuestro pasado. Actualizando la primera estrofa del salmo, podemos decir: "Señor, Tú has hecho esto conmigo... Tú me has concedido esto o aquello... Tú me has perdonado...".

La tierra responde al cielo, el cielo responde a la tierra. La afirmación, "la verdad brotará de la tierra, y del cielo penderá la justicia", no es sólo una imagen maravillosa, sino la definición misma de la "religión": religar, establecer relación, entre la tierra y el cielo, entre el hombre y Dios. Los campanarios, los minaretes, y todas las arquitecturas religiosas del mundo, apuntan hacia el cielo como una especie de signo simbólico. Observemos la audacia de esta expresión: "la verdad brotará de la tierra". Ha habido épocas en que se ha querido rebajar al hombre como si fuera totalmente incapaz de descubrir la verdad. La Biblia es más optimista y moderna, ya que nos habla de una especie de encuentro recíproco: la tierra busca al cielo y el cielo busca a la tierra... Dios y el hombre se buscan mutuamente, se miran el uno al otro. Al observar las ojivas que estructuran las bóvedas de nuestras catedrales, se ve justamente este doble movimiento, estas dos búsquedas que se apoyan la una sobre la otra, y no pueden mantenerse la una sin la otra. La gracia y la libertad son necesarias. La gracia, sin la respuesta del hombre, es estéril desgraciadamente. El esfuerzo del hombre sin la gracia está abocado al fracaso. Señor, inclínate hacia mí, mientras me esfuerzo por hacer germinar mi vida.

Amor y verdad se encuentran, justicia y paz se abrazan. ¡Qué equilibrio en estos "encuentros", en estos "besos"! Con frecuencia oponemos estas realidades. Insistimos en la caridad y caemos en una especie de subjetivismo que nos hace abandonar verdades fundamentales. O bien, somos en tal forma defensores de la verdad, que olvidamos la caridad más elemental hacia los adversarios con quienes estamos en desacuerdo. Hay que unir "amor y verdad" para no caer ni en el sectarismo, ni en el sentimentalismo bonachón. Tengo miedo de la gente que "posee la verdad" y no tiene amor. Pero temo igualmente a las personas que hablan de "amor" y no tienen el rigor de análisis para descubrir la verdad en situaciones y doctrinas.

Es necesario por otra parte reconciliar la "justicia" y la "paz". El mundo moderno habla mucho de "luchas", de "combates", de "justicia"... Y esto está bien. Pero también hay que construir la "paz", el "diálogo", la "concordia"... Detrás de las palabras de este salmo, avizoramos los conflictos sociales que sacuden nuestro mundo, nuestras familias, nuestras empresas, nuestra Iglesia.

"*Escucho... ¿qué dirá el Señor Dios?*". Dejemos resonar en nosotros estas palabras, este interrogante. Estemos a la escucha de Dios. Nos quejamos con frecuencia del "silencio de Dios". ¿Dejamos que El nos hable? ¿Aceptamos que El contradiga nuestros puntos de vista y no esté de acuerdo con nosotros? ¿Estamos dispuestos a escucharlo? ¿Estamos dispuestos a construir con El el mundo de paz-amor-verdad-justicia... que nos "pide" hacer?

הַטֵּה־יְהוָה אָזְנְךָ

— Escuchas... Señor

— Respóndeme...

— Protégeme... Mi Dios

— Salva...

— Ten piedad... Señor

— Alégrame... Señor

— Escucha mi oración Señor

— Oye mi voz... Señor

Señor

Dios

— Muéstrame tu camino... Señor

— Unifica mi corazón

Mi Dios

Señor

Dios

SALMO 85

UNIFICA MI CORAZON

Inclina tu oído, Señor; escúchame,
que soy un pobre desamparado;
protege mi vida, que soy un fiel tuyo;
salva a tu siervo, que confía en ti.

Tú eres mi Dios, piedad de mí, Señor,
que a ti te estoy llamando todo el día;
alegra el alma de tu siervo,
pues levanto mi alma hacia ti;

porque tú, Señor, eres bueno y clemente,
rico en misericordia con los que te invocan.
Señor, escucha mi oración,
atiende a la voz de mi súplica.

En el día del peligro te llamo,
y tú me escuchas.
No tienes igual entre los dioses, Señor,
ni hay obras como las tuyas.

Todos los pueblos vendrán
a postrarse en tu presencia, Señor;
bendecirán tu nombre:
«Grande eres tú, y haces maravillas;
tú eres el único Dios».

Enséñame, Señor, tu camino,
para que siga tu verdad;
mantén mi corazón entero
en el temor de tu nombre.

Te alabaré de todo corazón, Dios mío;
daré gloria a tu nombre por siempre,
por tu grande piedad para conmigo,
porque me salvaste del abismo profundo.

— Mira hacia mí...

— Ten piedad...

— Dame tu fortaleza...

— Salva...

— Realiza un "signo".

PRIMERA LECTURA: CON ISRAEL

* Este salmo es una SUPLICA, mediante palabras muy sencillas. Hagamos el ensayo de repetir, seguidamente los quince imperativos (quince "peticiones") contenidas en este poema, tal como lo hemos indicado más arriba. ¡Qué hechizo! ¡Qué súplica!

Pero este salmo es también un HIMNO, que canta, con igual ritmo, al absoluto de "Dios-sólo", y el amor-fiel de Dios. Observemos y recitemos las trece repeticiones de la palabra "Señor", "Dios"... ¡Qué insistencia! ¡Qué conversación!

"¿Quién" es este hombre que suplica y alaba? Se presenta él mismo

Dios mío, unos soberbios se levantan contra mí,
una banda de insolentes atenta contra mi vida,
sin tenerte en cuenta a ti.

Pero tú, Señor, Dios clemente y misericordioso,
lento a la cólera, rico en piedad y leal,
mírame, ten compasión de mí.

Da fuerza a tu siervo,
salva al hijo de tu esclava;
dame una señal propicia,
que la vean mis adversarios y se avergüencen,
porque tú, Señor, me ayudas y consuelas.

mediante dos características. Es ante todo un "Hassid", un "fiel", un "servidor de Dios", es alguien que se siente de Dios, totalmente "orientado hacia" Dios, mediante la fe y la confianza. Es igualmente un "Anawim" un "pobre", un "desgraciado", que ora desde su situación: angustia, opresión por parte de los orgullosos y los poderosos. Alguien que pide ser liberado del mal, de todo mal, es decir de sus "enemigos", pero también del "sheol" (abismo de los muertos), y del pecado (todo lo que se opone a Dios).

¿A qué Dios se dirige? Al Dios "lleno de HESSED", el Dios lleno de "AMOR" (expresión que se repite dos veces). Las dos palabras "hessed" y "hassid" son correspondientes: todo se resume así: hay un Dios que es "amor", y un hombre que está "enamorado"...

SEGUNDA LECTURA: CON JESUS

** El salmo culmina con una última "súplica": "Señor, haz conmigo un signo de bondad...". Imaginémonos a Jesús recitando este salmo. Sí, Jesús es el verdadero "signo" de Dios. El que nos saca del abismo de la muerte"... El que nos "libera de nuestros enemigos"... Quien manifiesta la "Hessed" de Dios.

En el "Padrenuestro", Jesús tomó varias peticiones de esta oración. "Santificado sea tu nombre... Todas las naciones glorificarán tu nombre...". "Perdona nuestras ofensas... Tú, que eres bueno y perdonas...". Los padres de la Iglesia, y los místicos de todos los tiempos, recitaron gustosos los salmos "con Jesús", y "en nombre de Jesús". Recitemos este salmo, poniéndolo en labios de Jesús a lo largo de la Pasión: "Inclina tu oído, Señor, escúchame que soy un pobre desamparado... En el día del peligro te llamo... Dios mío, unos soberbios se levantan contra mí, una banda de insolentes atenta contra mi vida; mírame, ten compasión de mí, haz un 'SIGNO' de bondad... que lo vean mis enemigos y se avergüencen, porque tú, Señor, me ayudas y consuelas"... Una vez más, somos llevados a la "resurrección", al "signo", al único "signo" que hace Jesús. "Esta generación pide signos: no se le dará otro que el de Jonás, que permaneció tres días en el seno del monstruo marino..." (Mateo 12,39-40).

TERCERA LECTURA: CON NUESTRO TIEMPO

*** *"Escucha, responde, mira, oye"*. Oración familiar, que utiliza las palabras más sencillas del diálogo humano. En la oración, estamos ante "alguien". ¡Alguien que nos mira! ¡Alguien que nos escucha! ¡Alguien que nos ama! Es el balbuceo de la oración. Nuestras oraciones son a menudo vacías y formalistas porque nos contentamos con repetir mecánicamente palabras y palabras y palabras... Cuando lo que necesitamos es tomar conciencia de una "presencia".

"*Soy pobre, te llamo el día de mi angustia*". Cada uno de nosotros tenemos pobrezas y angustias personales... Desde allí debemos orar. No debemos ser altivos ante Dios, ni poner nuestras pruebas entre paréntesis. Dios mismo nos invita a transformarlas en oraciones.

"*Todas las naciones se postrarán ante Ti*". La oración más íntima, la oración más individual (aquí domina el "yo" y el "mí") nunca debe excluir una dimensión de solidaridad más amplia. Aun cuando me encuentro solo, en mi habitación, "todas las naciones" del planeta están allí, conmigo, ante TI.

"*Unifica mi corazón...*". La oración más original de este salmo. Dejemos resonar esta petición en el fondo del corazón. "¡Unifica mi corazón!". Que mi corazón todo entero sea para Ti. Que Dios haga en mí la unidad. Una de las causas de desequilibrio en nuestro mundo moderno es la dispersión, la tensión en todo sentido. ¡Qué apacible es la vida de quien ha encontrado la unidad en su ser!

אֹהַב יְהוָה

SION... JERUSALEN...

Ciudad fundada por Dios...
Amada de Dios...

Patria universal...
De todos los que conocen a Dios:
inclusive los pueblos paganos.

Madre universal...

Todos los pueblos tienen en ella su origen.
¡Cantan y danzan, felices!

PRIMERA LECTURA: CON ISRAEL

* Sión, la colina en que está construida Jerusalén. Israel, en el momento mismo en que la ciudad era destruida, incendiada, arruinada, se atrevía a pensar que tenía una misión "universal": la de revelar el verdadero Dios. Se trata, es claro, de una perspectiva espiritual y escatológica. El salmista escogió precisamente los pueblos que en la época eran los más hostiles a Israel: Rahab (Egipto), pueblo de la opresión y del orgullo... Babilonia ciudad impía y sacrílega que deportó a los judíos... Tiro, símbolo del comercio y del negocio... Filistea, pueblo de la guerra y del valor... Pueblos vecinos de Israel que habitual-

SALMO 86

EN TI, CIUDAD DE DIOS, ESTAN TODAS NUESTRAS FUENTES

El la ha cimentado sobre el monte santo;
y el Señor prefiere las puertas de Sión
a todas las moradas de Jacob.
¡Qué pregón tan glorioso para ti,
ciudad de Dios!
«Contaré a Egipto y a Babilonia
entre mis fieles;
filisteos, tirios y etíopes
han nacido, allí».

Se dirá de Sión: «Uno por uno
todos han nacido en ella;
el Altísimo en persona la ha fundado».

El Señor escribirá en el registro de los pueblos:
«Este ha nacido allí».
Y cantarán mientras danzan:
«Todas mis fuentes están en ti».

mente lo derrotan. Israel sueña con un tiempo mesiánico en que todos estos pueblos se convertirían al "conocimiento del verdadero Dios" y considerarían a Jerusalén como su "madre". Observemos la pureza de esta perspectiva: este universalismo no es resultado de la presión o de una dominación militar (¿cómo lograrlo ante vecinos más poderosos?)... Es por el contrario resultado de un misterioso alumbramiento espiritual. Jerusalén no impone el "conocimiento de Dios", lo hace nacer desde el interior en el corazón de los pueblos paganos. Estos están felices: cantan y bailan de felicidad, reconociendo a Sión como su madre.

SEGUNDA LECTURA: CON JESUS

** ¡Con qué alegría debió cantar Jesús este salmo! El decía: "Id por todo el mundo, haced de todos los pueblos discípulos míos" (Mateo 28,19). San Juan revela que Jesús murió en Jerusalén justamente "para reunir en uno todos los hijos de Dios, que están dispersos" (Juan 11,52).

Jesús comparó igualmente el descubrimiento de Dios con la sed que se apaga en una fuente viva: "Si alguien tiene sed, venga a Mí y beba" (Juan 7,39).

De su costado traspasado por la lanza, en Jerusalén, brotó la fuente de "agua viva" de los sacramentos que sacian nuestra sed espiritual. Finalmente, el tema de la "maternidad espiritual" emerge también de esta cruz clavada sobre una colina de Jerusalén: "he ahí a tu madre" (casi las mismas palabras del salmo). María está allí, como un símbolo de la Iglesia; todos los hombres le son confiados, para "renacer de nuevo" (Juan 19,27; 3,7).

El Apocalipsis de San Juan explícitamente establece este lazo simbólico: la Iglesia de Jesús es la "nueva Jerusalén, que desciende del cielo del lado de Dios, ataviada como una esposa que se engalana para su esposo" y que alumbra la nueva humanidad (Apocalipsis 21,2).

TERCERA LECTURA: CON NUESTRO TIEMPO

*** *La unidad del género humano, la dignidad de toda persona humana, la igualdad de las razas, el encuentro de todas las culturas de todos los pueblos.* El mundo moderno, los jóvenes de hoy especialmente, se preocupan por hacer avanzar a la humanidad hacia estos valores universales. Nunca como en nuestra época, se han reunido hombres de todos los países en congresos, sesiones, seminarios de investigación. Los grandes organismos internacionales (ONU - OEA - UNESCO) pretenden ser voceros de las aspiraciones de los pueblos. El salmo 86 proféticamente en este sentido se imaginaba ya una especie de "censo de los pueblos" en que cada hombre, cada raza, estaban inscritos. Cuando recito este salmo en el corazón del mundo actual, puedo sin vacilación completar los nombres y decir: "Egipto, Babilonia, Tiro, Etiopía... Colombia, Brasil, Rusia, el Congo, el Japón, etc....

El papel de la Iglesia: "En ella nacieron todos los hombres". El proyecto de Dios, Padre amante de todos los hombres conlleva el deseo de hacerlos renacer de una misma "madre". Esta imagen maternal es muy elocuente. El alumbramiento de un nuevo ser es una realidad infinitamente bella y misteriosa, cuyo proceso depende muy poco de nuestras capacidades y de nuestra colaboración: lenta y formidable maduración, a partir de un germen minúsculo. La "vida" hace su labor sin nosotros. De igual manera, la humanidad unida del mañana está en gestación en la humanidad de hoy. ¿Colaboramos en el pequeño sector que depende de nosotros? ¿Pensamos que Dios está siempre en acción, como una fantástica fuerza vital?

Misionera. ¡Cuántos pueblos hostiles entre sí llegan a sentirse hijos de la misma madre!... ¡Cuántos pueblos hasta ahora paganos e ignorantes de la verdadera fe llegan a "conocer al verdadero Dios"!... Tal es el proyecto de Dios. Dios "ama a todos los hombres"... Una fórmula audaz, escrita por un misionero del Vietnam afirma: "Dios ama a los paganos"... La elección de un pueblo privilegiado entre todos los pueblos de la tierra (Sión, su predilecta") no tiene carácter de favoritismo o de superioridad alguna. Es una responsabilidad: el pueblo "escogido" no lo es por ser el mejor entre los demás... es simplemente un amor gratuito de Dios que desea asociar a los hombres a su obra. Ser "misionero" es sentirse responsable de hacer "conocer" a quienes lo ignoran el plan de Dios. Israel fue el lugar escogido por Dios para "revelar" a los demás hombres su amor hacia todos los hombres. La Iglesia, hoy, es el nuevo Israel, responsable de esta función. Estar "en la Iglesia", no es un seguro de estar "salvado" mientras los demás no lo están: la salvación de Dios se ofrece a todos por medios que sólo Dios sabe, Los que están en la Iglesia son aquellos que "conocen" el designio de Dios revelado en Jesucristo, y se hacen partícipes de este designio, haciéndolo "conocer" a los demás.

La libertad y la alegría de la fe. El salmo culmina con una imagen maravillosa: todos los hombres se dan la mano en una alegre celebración... "Bailan y cantan" alrededor de su madre y dicen: "en ti están nuestras fuentes". Nunca se hará lo bastante por una religión alegre y comunicativa. Por unas liturgias exultantes y dinámicas. El apostolado, la misión, no son empresas publicitarias que presionan la conversión... son más bien una fiesta alegre, en que cada uno, en su interior, se siente libremente atraído.

Medios pobres. Se habla a veces de que la Iglesia no utiliza medios poderosos sino "medios pobres", para poner en evidencia la gracia de Dios: "Cuando parezco débil, entonces es cuando soy fuerte", decía San Pablo (2 Corintios 12,10). Tal es el sentido del pensamiento audaz del salmista: Sión, que él veía tan grande, en el centro del mundo, no era más que una pequeña colina insignificante y sin prestigio, desconocida en el resto del universo... Su papel de resonancia mundial no es fruto de su propio poder, sino únicamente de las "promesas de Dios".

יְהוָה אֱלֹהֵי יְשׁוּעָתִי

MI DIOS ¡MI SALVACION!

En la "noche"... gimo...
¿Oyes mi oración?
¿Mi queja?
— Estoy harto de males...

Al borde del abismo...

Soy un hombre acabado...
Ya entre los muertos...

Excluido...
En lo profundo de la fosa
Entre las tinieblas...

Todos me abandonan...

Encerrado, sin salida...

¡SEÑOR! ¡TE INVOCO!

Todo el "día"...
Tiendo las manos
¿Haces milagros?
— ¿En el reino de la muerte,
cómo hablar de tu "amor-fidelidad"?

Clamo hacia TI, Señor...
Mi oración TE busca...

SALMO 87

GIMO DE NOCHE ANTE TI

Señor, Dios mío, de día te pido auxilio,
de noche grito en tu presencia;
llegue hasta ti mi súplica,
inclina tu oído a mi clamor.

Porque mi alma está colmada de desdichas,
y mi vida está al borde del abismo;
ya me cuentan con los que bajan a la fosa,
soy como un inválido.

Tengo mi cama entre los muertos,
como los caídos que yacen en el sepulcro,
de los cuales ya no guardas memoria,
porque fueron arrancados de tu mano.

Me has colocado en lo hondo de la fosa,
en las tinieblas del fondo;
tu cólera pesa sobre mí,
me echas encima todas tus olas.

Has alejado de mí a mis conocidos,
me has hecho repugnante para ellos:
encerrado, no puedo salir,
y los ojos se me nublan de pesar.

Todo el día te estoy invocando,
tendiendo las manos hacia ti.
¿Harás tú maravillas por los muertos?
¿Se alzarán las sombras para darte gracias?

¿Se anuncia en el sepulcro tu misericordia,
o tu fidelidad en el reino de la muerte?
¿Se conocen tus maravillas en la tiniebla
o tu justicia en el país del olvido?

Pero yo te pido auxilio,
por la mañana irá a tu encuentro mi súplica.

¿Por qué me rechazas?
¿Por qué te ocultas?
Desgraciado, herido de muerte,
No puedo más...

Todos me abandonan...
Mi única amiga,
Es la noche tenebrosa...

PRIMERA LECTURA: CON ISRAEL

* He aquí la elegía más sombría del salterio, la única lamentación que no termina con una nota final de esperanza: releamos la última palabra, la última frase... Todo termina en un "abismo negro" de tinieblas. ¡Qué importante es, que esta dramática oración se encuentre en la Biblia! Si personalmente no llegamos a estos extremos..., sepamos bien que esta situación existe, que hay enfermos incurables, graves limitados que no se curan jamás. En el "enfermo grave" que grita aquí su angustia es toda la "condición humana" la que clama. Ningún hombre, ninguno, escapa un día u otro a lo que describe este salmo. Tristeza, terror, enfermedad, muerte próxima, abismos, soledad... Observemos un detalle significativo. La persona que ora aquí no formula siquiera una petición, como en el resto de los salmos. No dice por ejemplo: "Cúrame", "sálvame"... "Haz que yo viva..." No. Se limita a pregonar su pena, a describirla, a

¿Por qué, Señor, me rechazas
y me escondes tu rostro?

Desde niño fui desgraciado y enfermo,
me doblo bajo el peso de tus terrores,
pasó sobre mí tu incendio,
tus espantos me han consumido:

Me rodean como las aguas todo el día,
me envuelven todos a una;
alejaste de mí amigos y compañeros:
mi compañía son las tinieblas.

lamentar su suerte trágica: ¿No es esto tremendamente elocuente? ¿En qué estado estoy yo?

Ahora bien, lo admirable, es que en este estado horrible, desesperado, el hombre de este salmo sigue aferrado a Dios, ora... en la noche. Su primer grito, la primera oración, la primera línea de este salmo, da todo el sentido: "¡MI DIOS, MI SALVACION...!". Quien pregona su dolor, no está tan solo como él cree: Dios lo oye.

SEGUNDA LECTURA: CON JESUS

** Este salmo es puesto en labios de Jesús, en los oficios del Viernes y Sábado Santo. "Tomó sobre El nuestros dolores... con poderosos clamores y lágrimas suplicó a quien podía salvarlo de la muerte..." (Hebreos 5,7-9).

A veces, nos da por suprimir la Cruz del Viernes, pensando en la Pascua. Este salmo, nos ayuda a tomar en serio el Viernes Santo. Esta oración desolada, sin aparente respuesta, la vivió Santa Teresa de Lisieux: "Invadieron mi alma las más oscuras tinieblas, y el pensamiento del cielo, tan dulce para mí, se convirtió en objeto de combate y de tormento... Quisiera expresar lo que siento, pero ¡ay! lo creo imposible. Hace falta atravesar este sombrío túnel, para comprender su oscuridad. Cuando busco reposo para mi corazón fatigado por las tinieblas que lo rodean y lo atormentan, me parece que esas tinieblas, tomando la voz de los pecadores, me dicen burlándose de mí: "Sueñas con la luz, crees que un día saldrás de la neblina que te rodea. Camina, camina, alégrate de la muerte que te dará, no lo que tú esperas, sino una noche más profunda aún, la noche de la nada". De igual manera este salmo, en lugar de ser una blasfemia es una verdadera oración, que recuerda las palabras de Jesús en la cruz: "¿Dios mío, Dios mío, por qué me has abandonado?".

Sólo respetando hasta el final esta desesperación punzante, se comprende el precio de las palabras de Jesús, que presentan la "muerte" como semillas fecundas, como un "retorno al Padre", como un caminar en la noche, al encuentro del esposo (Mateo 25,1-13).

TERCERA LECTURA: CON NUESTRO TIEMPO

*** *El tiempo de la desesperación, de lo trágico, de lo absurdo.* ¡Cuántas canciones de nuestro tiempo son canciones rebeldes! Pensemos en los pueblos oprimidos, en los enfermos de ciertos pabellones de hospitales, en los hospitales siquiátricos... y en todas las desgracias individuales y colectivas. ¡Qué consolador resulta entonces, pensar que la Biblia, palabra de Dios revelada, no duda un momento en asumir esta angustia!

La dificultad de creer en la resurrección. Sabemos por las encuestas, que muchos hombres (aun cristianos), no creen en la resurrección. ¿Qué hay detrás de esa negación? Nadie lo puede decir. No hay que olvidar que esta "fe" es difícil. Israel, en su historia, la logró poco a poco. Aun en tiempos de Jesús, muchos judíos contemporáneos de Cristo no creían en ella. Este salmo es testigo de este pensamiento desolador. "¿Harás tú ya prodigio alguno para los muertos? ¿Se levantarán las sombras para alabarte? ¿Quién hablará de tu amor en la tumba y de tu fidelidad en el reino de la muerte?". Para este salmista, la muerte no es otra cosa que la nada. Lo horroriza el pensamiento de no poder "aclamar" más a Dios, ni hablar de su misericordia". Pero, la convicción de que la misericordia de Dios, la Alianza de Dios, no pueden fracasar totalmente, llevan a los creyentes a "creer en la resurrección". El grito rebelde de los que no creen da mayor valor a su certeza.

La "fe" sin embargo no nos saca de la condición común de los hombres: la muerte sigue siendo "el hueco oscuro" de las tinieblas... No obstante, un tenue resplandor la ilumina. Ten la lámpara encendida, he aquí que el esposo viene, salgamos a su encuentro.

חַסְדֵי יְהוָה עוֹלָם אָשִׁירָה

PRELUDIO: Confianza indefectible
en Dios, que hizo
"Alianza":
¡Amor - fidelidad!

HIMNO: LAS MARAVILLAS DE DIOS

En lo alto, en medio
de las potencias celestiales...

Abajo, el "cosmos" canta...

El mar, vencido...

Los enemigos aterrados...

El cielo, la tierra...
En toda la extensión de la tierra,
Las montañas...
saltan de alegría!

En Israel, pueblo que
"sabe aclamar"...
"Y que danza de alegría...

SALMO 88

¿DONDE ESTA TU PRIMER AMOR?

Cantaré eternamente las misericordias del Señor,
anunciaré tu fidelidad por todas las edades.
Pues dijiste: «Cimentado está por siempre mi amor,
asentada más que el cielo mi lealtad».

Sellé una alianza con mi elegido,
jurando a David mi siervo:
«Te fundaré un linaje perpetuo,
edificaré tu trono para todas las edades».

El cielo proclama tus maravillas, Señor,
y tu fidelidad, en la asamblea de los ángeles.
¿Quién sobre las nubes se compara a Dios?
¿Quién como el Señor entre los seres divinos?

Dios es temible en el consejo de los ángeles,
es grande y terrible para toda su corte.
Señor de los ejércitos, ¿quién como tú?
El poder y la fidelidad te rodean.

Tú dominas la soberbia del mar
y amansas la hinchazón del oleaje;
tú traspasaste y destrozaste a Rahab,
tu brazo potente desbarató al enemigo.

Tuyo es el cielo, tuya es la tierra;
tú cimentaste el orbe y cuanto contiene;
tú has creado el norte y el sur,
el Tabor y el Hermón aclaman tu nombre.

Tienes un brazo poderoso:
fuerte es tu izquierda y alta tu derecha.
Justicia y derecho sostienen tu trono,
misericordia y fidelidad te preceden.

Dichoso el pueblo que sabe aclamarte:
caminará, ¡oh Señor!, a la luz de tu rostro;

Apoyado en el poder de Dios...

ORACULO - PROMESA DE UN MESIAS

Escogido por Dios...
— Consagrado, "ungido", "Christos"...

— Protegido por Dios...

— Vencedor del mal...

— Intimo de Dios...

— Que tiene amplio poder...

— "Un hijo" para Dios Padre...

— Amado de Dios, que hace
una "Alianza fiel" con El...

— Por todo y contra todo, aun en caso de pecado, Dios permanecerá fiel...

Promesas incondicionales...

tu nombre es su gozo cada día,
tu justicia es su orgullo.

Porque tú eres su honor y su fuerza,
y con tu favor realzas nuestro poder.
Porque el Señor es nuestro escudo,
y el Santo de Israel nuestro rey.

* * *

Un día hablaste en visión a tus amigos:
«He ceñido la corona a un héroe,
he levantado a un soldado sobre el pueblo».

Encontré a David, mi siervo,
y lo he ungido con óleo sagrado;
para que mi mano esté siempre con él
y mi brazo lo haga valeroso;

no lo engañará el enemigo
ni los malvados lo humillarán;
ante él desharé a sus adversarios
y heriré a los que lo odian.

Mi fidelidad y misericordia lo acompañarán,
por mi nombre crecerá su poder:
extenderé su poder hasta el mar,
y su dominio hasta el Gran Río.

El me invocará: «Tú eres mi padre,
mi Dios, mi Roca salvadora»;
y yo lo nombraré mi primogénito,
excelso entre los reyes de la tierra.

Le mantendré eternamente mi favor,
y mi alianza con él será estable;
le daré una posteridad perpetua
y un trono duradero como el cielo.

Si sus hijos abandonan mi ley
y no siguen mis mandamientos,
si profanan mis preceptos
y no guardan mis mandatos,

— Tan estable como el cosmos:

Sol y luna

¡Testimonios fieles!

LAMENTACION: Frente a todas estas promesas, la realidad histórica, es dramática.

La "realeza" de Judá termina catastróficamente: los tres últimos reyes, destituidos por el enemigo y llevados como cautivos... Yoyaquim, Joaquim, Sedecías...

— Tú Rey-Mesías... ¡ultrajado!

— Abatido por el adversario...

— Vencido...

— Humillado...

— Muerto en plena juventud...

"¿Cuánto tiempo permanecerás 'oculto'?"

"¿Nos habrías creado para la nada?"

"¿Estaríamos destinados a la muerte?"

"¿Dónde está, Señor, tu primer amor?"

castigaré con la vara sus pecados
y a latigazos sus culpas.
Pero no les retiraré mi favor
ni desmentiré mi fidelidad,

ni violaré mi alianza
ni cambiaré mis promesas.

Una vez juré por mi santidad
no faltar a mi palabra con David:
"su linaje será perpetuo,
y su trono como el sol en mi presencia,
como la luna, que siempre permanece:
su solio será más firme que el cielo".

* * *

Tú, encolerizado con tu Ungido,
lo has rechazado y desechado;
has roto la alianza con tu siervo
y has profanado hasta el suelo su corona;

has derribado sus murallas
y derrocado sus fortalezas;
todo viandante lo saquea,
y es la burla de sus vecinos;

has sostenido la diestra de sus enemigos
y has dado el triunfo a sus adversarios;
pero a él le has embotado la espada
y no lo has confortado en la pelea;
has quebrado su cetro glorioso
y has derribado su trono;
has acortado los días de su juventud
y lo has cubierto de ignominia.
Recuerda, Señor, lo corta que es mi vida
y lo caducos que has creado a los humanos.

¿Quién vivirá sin ver la muerte?
¿Quién sustraerá su vida a la garra del abismo?
¿Dónde está, Señor, tu antigua misericordia
que por tu fidelidad juraste a David?

— Han ultrajado a Tu "Mesías"

BENDICION FINAL del tercer libro de los salmos

PRIMERA LECTURA: CON ISRAEL

Este salmo más que cualquier otro, debe orarse en tres tiempos inseparables sin embargo el uno del otro. Su carácter de oración escrita "por Israel" brilla en cada una de sus líneas. La situación humana evocada es la de una "entronización real" en la dinastía de David rey de Jerusalén. El cuadro de fondo del salmo, es el dramático fin de la realeza bajo los golpes de Nabucodonosor. El decorado es la geografía de la tierra de Palestina: se nombran los montes del Tabor y Hermón, las fronteras al occidente están marcadas por el Mar Mediterráneo y al oriente por los ríos Tigris y Eufrates. Cuando se desea éxito al rey en sus campañas, se hace decir a Dios: "Extenderé su poder sobre el mar y su dominio hasta el Gran río". El fondo cultural y religioso de este salmo es el de Israel, basado en "la Alianza" entre Dios y el pueblo elegido...

* He aquí un "salmo real", cuyo fondo es la ceremonia de entronización de un nuevo rey: el trono, los atavíos reales, la corte, el palacio, los guardias, la campaña para vencer a los enemigos.

Pero estamos en Israel, sabemos que el régimen político de este pueblo tenía un carácter muy particular: el verdadero "rey" era Dios. De ahí que el comienzo del poema es un "himno" que canta el poder real de Yahveh. Observemos la letanía de alabanza que exalta el poder cósmico del creador:

— Tú dominas la soberbia del mar...

— Tú amansas la hinchazón del oleaje.

— Tú traspasaste y despojaste a Rahab (monstruo marino, potencia infernal).

— Tu brazo potente desbarató al enemigo.

— Tú cimientas el orbe y cuanto contiene.

— Tú creas el norte y el mediodía...

— Tú tienes un brazo vigoroso...

Acuérdate, Señor, de la afrenta de tus siervos:
lo que tengo que aguantar de las naciones,
de cómo afrentan, Señor, tus enemigos,
de cómo afrentan las huellas de tu Ungido.

Bendito el Señor por siempre.

Amén, amén.

Pero para Israel, la maravilla de las maravillas, más aún que la "Creación", es "LA ALIANZA": "Bienaventurado el pueblo que sabe aclamar, que camina a la luz de Tu rostro... Danza de alegría todo el día. Tú eres nuestra fuerza, Tú acrecientas nuestro vigor". Sí, Israel tiene conciencia de ser amado, elegido, mimado, por Dios. Dos palabras que forman una especie de pareja se repiten siete veces (no es mera coincidencia, pues el número siete es la cifra de la perfección): "¡AMOR" y "FIDELIDAD!". La unión de estas dos palabras, hace énfasis en la estabilidad, en la perennidad del amor, ideas que se refuerzan aún más mediante la repetición por siete veces de las palabras "sin fin", "para siempre".

"La Alianza" con el conjunto del pueblo está simbolizada mediante la "Alianza" con el "Rey". David es el modelo. Toda la segunda parte del salmo es un recorderis del famoso Oráculo-Profecía de Natán, que anunciaba la estabilidad de la Dinastía de David hasta el fin de los tiempos (2 Samuel 7 - 1 Crónicas 17,1-15 - Jeremías 33,14-26).

Pero las dos primeras partes (Himno-Oráculo) no son sino la introducción de la tercera, que es una Lamentación por el desastre del fin de la realeza de Jerusalén. Viene a la memoria en particular el pequeño rey Joaquim, llevado cautivo a la edad de 18 años por Nabucodonosor... O Sedecías, el último rey, cuyos hijos fueron degollados ante su vista, antes que a él mismo le arrancaran los ojos... Entonces la audacia de la oración llega a invertir completamente la "letanía hímnica" para convertirla en una "letanía de reproches": en vez de "Eres tú", "Eres tú", repetidos insistentemente vienen ahora los "Tú has", "Tú has"... Dios, echado de lado, como si hubiera sido infiel a sus promesas y a su poder.

— "Has roto la Alianza y profanado su corona"...

— "Has derribado sus murallas, y reducido a escombros sus fortalezas"...

— "Has acrecentado el poder del adversario y alegrado a sus enemigos...

— "Has quebrado su cetro glorioso y has derribado su trono"...

— "Has acortado los días de su juventud y lo has cubierto de ignominia"...

¡Qué sinceridad la de esta oración, no obstante comenzar con estas palabras!

"El amor del Señor canto sin cesar; anuncio tu fidelidad de generación en generación".

SEGUNDA LECTURA: CON JESUS

** No podemos quedarnos en esta primera lectura. Desde que *Jesús, Hijo de David*, se presentó como el Mesías en quien se cumplían todas las promesas de Dios a Israel, llama la atención el extraordinario paralelo entre los anuncios de este salmo y lo que se realizó en la vida de Jesús, "Mesías-Rey despreciado, escarnecido" y que sin embargo clamó a todos los vientos: "sin cesar, canto en el amor del Señor y de generación en generación anunciaré su fidelidad".

Sólo en Jesucristo alcanza este salmo pleno sentido.

Sólo El puede decir a plenitud: "Tú eres mi Padre". El es el verdadero "Mesías", el "Ungido" (en griego "Christos"), consagrado por el Espíritu Santo.

Resulta emotivo colocar esta lamentación en los labios de Jesús durante su Pasión; El sabía que era "Rey". "Sí, Yo soy Rey, pero mi Reino no es de este mundo" (Juan 18,33-37). Una vez más digamos, que la resurrección es el centro de nuestra fe cristiana. Da respuesta definitiva a los interrogantes y promesas del Antiguo Testamento: "¿Hasta cuándo estarás escondido? ¿Nos habrías creado para la nada? ¿Quién puede vivir y no ver la muerte? ¿Dónde está tu primer amor, Señor? ¡Jamás violaré mi Alianza! Su Trono permanecerá para siempre, como el sol en mi presencia, como la luna puesta para siempre, testigo fiel allá arriba" Sin la Pascua, todas estas promesas son irrisorias.

TERCERA LECTURA: CON NUESTRO TIEMPO

*** Si queremos "orar" de verdad y no solamente "recordar el pasado" mediante dos reconstrucciones históricas, hay que trasladar este salmo *a la actualidad.* A pesar de las apariencias "particulares" de este salmo, tiene un trasfondo "universal"; a pesar de estar "situado" en el pasado, es de gran actualidad.

Creer en Dios a pesar de todas las apariencias contrarias. Hoy como en aquel tiempo, se vive la "fe" de la misma manera. El Reino de Dios es semejante a un "campo de trigo lleno de mala hierba", en que están íntimamente mezclados "gérmenes de vida y simientes de muerte". El enemigo, aparentemente, triunfa por doquier. Pobre Rey, nuestro Dios; parece impotente, no se defiende, se deja crucificar. Digamos de una vez: "¿hasta cuándo estarás escondido?"... Y luego: "¡bendito sea el Señor para siempre!".

Situaciones de fracaso, convertidas en llamado a la esperanza. La experiencia de su fragilidad, hace experimentar al hombre con mayor vehemencia la necesidad de una estabilidad. "Acuérdate, Señor, cuán breve es mi vida". Las pruebas personales o colectivas, pueden cambiar nuestros sentimientos de fe y esperanza en rebeldía contra Dios. Pero también pueden convertirse en un trampolín hacia una mayor esperanza, purificada, probada, robustecida por el triunfo sobre la dificultad.

Dios nos sorprende más allá de toda previsión. Dios nos creó para la felicidad de vivir. El es Todopoderoso. Pero a menudo nos desconcierta y sorprende. Su "vida" no es como la nuestra. Tampoco su poder. Dios supera totalmente nuestras concepciones. No necesita de nuestras apariencias de vida y poder para ser viviente y poderoso. La muerte misma no tiene ningún poder sobre El. El es el "Todo-otro". Nadie esperaba que el "Mesías de Dios" apareciera tal como Jesús lo hizo. Sin embargo, en su muerte, nos da la más maravillosa imagen de su AMOR y su FIDELIDAD. Secreto que permanecerá oculto a los corazones superficiales. Señor, "abre nuestros ojos a las maravillas de tu amor". *Misericordias Domini in aeternum cantabo.* ¡Cantaré eternamente el amor del Señor!

יְהוָה מָלָךְ

DIOS REINA. REY SUBLIME DEL UNIVERSO

— Bello	El creador está como...
— Fuerte	Revestido de magnificencia: su creación...
— Firme	● La "*tierra*" sólida.
— Eterno	● Las "*olas*", imagen de las fuerzas del mal, se desencadenan
— Vencedor	Pero el Señor permanece "tranquilo",
	● Conduce "*la historia*"
— Santo	De su sagrado Templo
— Eterno	Hasta su fin...

PRIMERA LECTURA: CON ISRAEL

* "*Salmo del Reino de Dios*": El cosmos, del que es rey, lo aclama a su manera: la tierra, el mar... El es el Rey de *la historia*, porque hizo triunfar a su pueblo (paso del Mar Rojo, Dios domina las olas). Será el Rey *escatológico*, mediante su victoria definitiva sobre todas las fuerzas del mal "por el transcurso de los tiempos"...

Todas las imágenes están tomadas del ritual de *entronización de los reyes*: los vestidos reales (el cielo)... El trono real (la tierra)... La victoria real (triunfo sobre los elementos desencadenados)... La carta real (la Ley)... El palacio real (el Templo)... Pero, a diferencia de los reyes, Dios no recibe la realeza, El lo ES eternamente, "desde siempre", "desde el principio".

Admiremos esta bella imagen: *el estruendo de las olas que se desencadenan.* Ante una tempestad que cae furiosamente sobre una costa rocosa,

SALMO 92

DESDE SIEMPRE, TU ERES

El Señor reina vestido de majestad,
el Señor, vestido y ceñido de poder:
así está firme el orbe y no vacila.

Tu trono está firme desde siempre,
y tú eres eterno.

Levantan los ríos, Señor,
levantan los ríos su voz,
levantan los ríos su fragor;

Pero más que la voz de aguas caudalosas,
más potente que el oleaje del mar,
más potente en el cielo es el Señor.

Tus mandatos son fieles y seguros;
la santidad es el adorno de tu casa,
Señor, por días sin término.

hablamos de "la mar enfurecida"... Se siente uno pequeño ante las aguas torrentosas de un río desencadenado por una inundación súbita. En Babilonia, los judíos deportados habían presenciado el rito de entronización real de Mardouk, conferido anualmente al dios babilónico después de un combate, ritual contra Tiamat el dragón, al que derrotaba. El relato bíblico de la creación, en el Génesis, se presenta como una victoria de Dios contra "las fuerzas del caos". El dominio de Dios sobre las "aguas" está unido a la salida de Egipto, en que el Señor sumergió las fuerzas del mal en el Mar Rojo.

SEGUNDA LECTURA: CON JESUS

** La Iglesia nos propone este salmo en la fiesta de "Cristo Rey". El Evangelio relata cómo Jesús fue interrogado por Pilatos: "¿eres Tú

Rey? El respondió: *mi Reino no es de este mundo*. Pilatos insiste: Entonces ¿Tú eres Rey? Jesús respondió: tú lo has dicho, Yo soy Rey: para esto nací y vine a este mundo: para dar testimonio de la verdad. Todo el que es de la verdad escucha mi voz" (Juan 18,33-37). Muchos textos del Antiguo Testamento anunciaron al Mesías como un "Rey", especialmente el Libro de Daniel (7,13-14), que se lee igualmente en la Misa de Cristo Rey: "vi venir sobre las nubes del cielo a uno como Hijo de Hombre. Le fue dado *el señorío, la gloria y la realeza*. Todos los pueblos, naciones y lenguas le sirvieron. Su dominio es dominio eterno, que no acabará, y su realeza nunca será destruida".

Las imágenes del Apocalipsis son muy semejantes a las de este salmo: "vi el cielo abierto y he aquí un caballo blanco, (símbolo de victoria) y el que lo montaba es llamado Fiel, Verídico. *Juzga y combate con justicia*. Sus ojos son como llama de fuego, lleva en su cabeza *muchas diademas*... Está "*revestido*" de un *manto* empapado en sangre (su victoria real es efectivamente, la de la Cruz), y tiene por nombre "Verbo de Dios". Sobre su manto tiene escrito su nombre: "*Rey de Reyes y Señor de Señores*" (Apocalipsis 19,11.18).

La verdadera y definitiva realeza de Jesús es su victoria sobre la muerte y el pecado. El comentario definitivo sobre este salmo lo da San Pablo: "Cristo ha resucitado de entre los muertos como primicia de los que mueren. ...Como en Adán hemos muerto todos, así también en Cristo somos todos vivificados. Pero cada uno a su tiempo: primero Cristo; luego los de Cristo cuando El venga. Después será el fin, cuando *entregue a Dios Padre el Reino, cuando haya reducido a la nada todo principado, toda potestad* y todo poder. *Pues preciso es que El reine hasta poner a todos sus enemigos* bajo sus pies. El último enemigo destruido, será la *muerte*, pues ha puesto *todas* las cosas bajo sus pies" (1 Corintios 15,20-27).

TERCERA LECTURA: CON NUESTRO TIEMPO

*** *La belleza, la "magnificencia" de la creación*. Asistimos hoy, a un redescubrimiento de la "naturaleza". Ya que las intervenciones desordenadas del hombre la polucionan o desfiguran, ya que muchos vivirán en lo sucesivo entre decorados artificiales de hormigón, de vidrio, de hierro... hay todo un movimiento de retorno a los lugares y cosas naturales. La naturaleza es bella: la montaña, el mar, el bosque... el agua, la nieve, las flores... la vida... El autor del salmo 92 se maravilla con las bellezas de la creación que consideraba como una especie de "manto con el cual Dios se *revestía*". La imagen es admirable. Nos sugiere por una parte que *Dios creador debe ser aún más bello que las maravillas que ha hecho*... Y por otra que la creación, paradójicamente, *nos muestra y nos oculta a la vez al Creador*. Ejercitemos la "oración" ante el hermoso espectáculo de la naturaleza, pensando *en Aquél que es su autor.*

Los vanos sobresaltos del mal. Estamos en un mundo que se agita. "Las olas desencadenan su estrépito... Más que los bramidos de las aguas profundas, más que los furores del mar, es magnífico el Señor en las alturas". En la simbología semítica, estos elementos desencadenados eran símbolos de las "*potencias infernales*". No hace falta mucha imaginación, para una transposición de imágenes: vemos hoy una especie de *despliegue* del mal, bajo la forma de un *clamor* de rebeldía contra Dios y una especie de locura de *destrucción. La turbulencia de las olas es una parodia de esta rebelión inútil y vana*; *Dios permanece inaccesible a este asalto...* La victoria es de Dios anticipadamente: basta un adverbio "comparativo"... "*Más que*" el bramido de las aguas profundas magnífico es el Señor en las alturas. Parece que ríe el salmista: Dios no necesita ni siquiera combatir contra el caos del mal... Simplemente "siendo el que Es", domina y destruye la nada. *Danos,* Señor, esta serenidad que viene de Ti.

"*El Reino de Dios*" "*El Señor es Rey*". "*El Señor se revistió de Poder*". Ante estas aclamaciones que resuenan como un grito de triunfo, estamos tentados de pensar... que el Reino de Dios se hace esperar. ¡Tantos malvados! ¡Tantas fechorías! ¡Tantos pecados! ¡Tantos sufrimientos! ¡Tantos muertos! No hay que taparse los ojos: estamos invitados a combatir contra estas potencias maléficas. *Orar con este salmo del "Reino de Dios" hoy es comprometerse.* La vida del cristiano no ha sido nunca una "vida en pantuflas o en una mecedora"... Hoy menos que nunca, cuando los combates han tomado una dimensión colectiva: combatir *contra* la injusticia, *contra* la enfermedad, *contra* la mentira, *contra* el orgullo, *contra* el poder del dinero, etc... Esto es el "Reino de Dios".

Certeza de la victoria final. En todas las páginas de la Biblia aparece la dimensión escatológica: lo que está apenas "comenzando" será un día "terminado". "Tus testimonios son verídicos en grado sumo... Señor, por el transcurso de los días". No olvidemos jamás la dimensión del tiempo. El tiempo cuenta para Dios. *La creación no está acabada. El desarrollo de la historia está en camino:* Dios despliega en ella progresivamente su designio eterno. No será perfecta la "belleza" de la creación hasta que el mal haya sido definitivamente excluido. Esta esperanza y certeza la tenemos ya *en Cristo resucitado.* Podemos desde ya cantar con toda verdad: "Jesucristo es Señor, él, la gloria de Dios Padre".

CRISTO ES REY
EL SEÑOR REINA.

הדו לַיהוָה כִּי־טוֹב

ACCION DE GRACIAS = "EUCARISTIA"

Para "el amor de Dios"

"Rescatados"

— Liberados...

— Reunidos...

VIAJEROS PERDIDOS

Que no saben a dónde ir,

Que han perdido el "sentido"...

"Clamaron"...

Dios los escuchó...

Que den gracias.

CAUTIVOS, PRISIONEROS

Cautivos, encadenados...

"Clamaron"...

Dios los escuchó...

Que den gracias.

SALMO 106

RECONOCER EL AMOR DEL SEÑOR

Dad gracias al Señor porque es bueno,
porque es eterna su misericordia.

Que lo confiesen los redimidos por el Señor,
los que él rescató de la mano del enemigo,
los que reunió de todos los países:
norte y sur, oriente y occidente.

Erraban por un desierto solitario,
no encontraban el camino de ciudad habitada;
pasaban hambre y sed,
se les iba agotando la vida;
pero gritaron al Señor en su angustia,
y los arrancó de la tribulación.

Los guió por un camino derecho,
para que llegaran a ciudad habitada.
Den gracias al Señor por su misericordia,
por las maravillas que hace con los hombres.
Calmó el ansia de los sedientos,
y a los hambrientos los colmó de bienes.

Yacían en oscuridad y tinieblas,
cautivos de hierros y miserias;
por haberse rebelado contra los mandamientos,
despreciando el plan del Altísimo.

El humilló su corazón con trabajos,
sucumbían y nadie los socorría.
Pero gritaron al Señor en su angustia,
y los arrancó de la tribulación.

Los sacó de las sombrías tinieblas,
arrancó sus cadenas.
Den gracias al Señor por su misericordia,
por las maravillas que hace con los hombres.

ENFERMOS POR SU PECADO

Perdieron el gusto de vivir.

"Clamaron"...

Dios los escuchó...

Que den gracias.

NAUFRAGOS EN LA TEMPESTAD

A la deriva.

"Clamaron"...

Dios los escuchó...

Que den gracias.

EPILOGO

Lección de "sabiduría"

Sobre la potencia y bondad de Dios.

— Aguas Vivas...

Destrozó las puertas de bronce,
quebró los cerrojos de hierro.

Estaban enfermos, por sus maldades,
por sus culpas eran afligidos;
aborrecían todos los manjares,
y ya tocaban las puertas de la muerte.
Pero gritaron al Señor en su angustia,
y los arrancó de la tribulación.

Envió su palabra, para curarlos,
para salvarlos de la perdición.
Den gracias al Señor por su misericordia,
por las maravillas que hace con los hombres.
Ofrézcanle sacrificios de alabanza,
y cuenten con entusiasmo sus acciones.

Entraron en naves por el mar,
comerciando por las aguas inmensas.
Contemplaron las obras de Dios,
sus maravillas en el océano.

El habló y levantó un viento tormentoso,
que alzaba las olas a lo alto:
subían al cielo, bajaban al abismo,
su vida se marchitaba por el mareo,
rodaban, se tambaleaban como ebrios,
y no les valía su pericia.
Pero gritaron al Señor en su angustia,
y los arrancó de la tribulación.

Apaciguó la tormenta en suave brisa,
y enmudecieron las olas del mar.
Se alegraron de aquella bonanza,
y él los condujo al ansiado puerto.
Den gracias al Señor por su misericordia,
por las maravillas que hace con los hombres.

Aclámenlo en la asamblea del pueblo,
alábenlo en el consejo de los ancianos.

El transformó los ríos en desierto,
los manantiales de agua en aridez;

— Fruto...
— Crecimiento...

— Abundancia para los pobres...
— Fiesta...

Reconocer el amor de Dios
Es la verdadera sabiduría del hombre.

la tierra fértil en marismas,
por la depravación de sus habitantes.

Transforma el desierto en estanques,
el erial en manantiales de agua.
Coloca allí a los hambrientos,
y fundan una ciudad para habitar.

Siembran campos, plantan huertos,
recogen cosechas.
Los bendice, y se multiplican,
y no les escatima el ganado.

Si menguan, abatidos por el peso
de infortunios y desgracias,
el mismo que arroja desprecio sobre los príncipes
y los descarría por una soledad sin caminos
levanta a los pobres de la miseria
y multiplica sus familias como rebaños.
Los rectos lo ven y se alegran,
a la maldad se le tapa la boca.
El que sea sabio, que recoja estos hechos
y comprenda la misericordia del Señor.

PRIMERA LECTURA: CON ISRAEL

* El plan de este salmo DE ACCION DE GRACIAS es claro. Presenciamos el desarrollo de una escena brillante. Un gran día de fiesta, en Jerusalén, numerosos peregrinos, querrían "dar gracias" a Dios por un "voto" que hicieron en medio de un "gran peligro" del que fueron liberados.

La muchedumbre rodea el altar en que ha sido preparada la víctima del "sacrificio de Acción de Gracias". Los sacerdotes invitan a "cuatro categorías" de fieles a reunirse para un sacrificio colectivo. Esto mismo sucedió a San Pablo, cuando ofreció un sacrificio en el Templo "con otras cuatro personas" (Hechos 21,24).

La ceremonia se inicia con una invitación de los "celebrantes": "Dad gracias al Señor". A esta invitación ritual, la asamblea responde: "Eterna es su misericordia". Luego, los levitas reúnen a los "rescatados del Señor", que desean expresar un "gracias".

Cuatro grupos de "agradecidos" participarán en la celebración: *los viajeros... los prisioneros... los enfermos... los navegantes...* Todos salvados de un peligro mortal. En cada caso, el rito se desarrollará de idéntica manera: a) Breve descripción del peligro en que se encontraban. b) Intervención salvadora de Dios, previo clamor de los necesitados... c) Estribillo de acción de gracias...

Igual que en las canciones modernas, observamos que este salmo trae dos "estribillos", que se repiten cuatro veces. Primer estribillo: "GRITARON AL SEÑOR EN SU ANGUSTIA, Y EL LOS ARRANCO DE SU TRIBULACION". (Observemos el detalle estilístico muy significativo: el "grito" de súplica y la acogida favorable por parte de Dios, están en la misma frase, para significar la rapidez de la respuesta divina)... Segundo estribillo: "DEN GRACIAS AL SEÑOR POR SU MISERICORDIA, POR LAS MARAVILLAS QUE HACE CON LOS HOMBRES"...
El salmo termina mediante una especie de conclusión, un epílogo sapiencial, que amplía las perspectivas, sacando profundas lecciones de estas cuatro situaciones concretas de salvación: Sí, Dios es capaz de invertir totalmente las situaciones... Sí, Dios quiere la felicidad de los hombres... Sí, Dios detesta la arrogancia del pecado, enemigo de la felicidad... La frase final lo resume todo: quien aspira a ser sabio debe "reconocer" en "estas cosas" la misericordia (la "Hessed") de Dios. Tal es la última palabra del salmo.

SEGUNDA LECTURA: CON JESUS

** Este salmo, escrito como respuesta a situaciones concretas de hombres y mujeres del pueblo judío, tiene pleno sentido en la persona de Jesús. ¿Quién mejor que El fue "liberado de las tinieblas mortales"? ¿Quién mejor que El vio "romperse las puertas de bronce" de los infiernos? En el canto de los que han "sido salvados de un peligro mortal", escuchamos "la acción de gracias" de Jesús en su Comida de Pascua: "den gracias al Señor por su misericordia, por sus maravillas en favor de los hombres". Recordemos que cada "Eucaristía" es también una "ACCION DE GRACIAS": el "gracias" desesperado de los rescatados. Este es un salmo pascual por excelencia. Las dolorosas situaciones evocadas son una pálida descripción de este "peligro" terriblemente angustioso que es la "muerte" de la cual sólo la resurrección nos libera.

El salmo cantaba: "envía su palabra y los cura". A partir de Jesús hay que colocar una mayúscula al vocablo "Palabra": Dios envió su Verbo hecho carne para curarnos. Su Palabra eterna vino en el tiempo para liberarnos. El salmo cantaba: "calmó el ansia de los sedientos, y a los hambrientos los colmó de bienes". Jesús se presentó como quien calma el hambre y la sed de la humanidad: "quien come Mi Carne y bebe Mi Sangre no tendrá jamás hambre" (Juan 6).

"Que lo confiesen los redimidos por el Señor, los que El rescató de la mano del enemigo, los que reunió de todos los países: Norte y Sur, Oriente y Occidente". Jesús asumió explícitamente el papel de reunirlos: "¡Cuántas veces quise reunir a tus hijos como la gallina junta a sus polluelos bajo las alas!" (Mateo 23,37)... "Los ángeles juntarán a los elegidos de los cuatro vientos" (Mateo 24,31). "Vendrán de todas partes al Reino de Dios, del norte y del mediodía, del levante y del poniente, para tomar lugar en el banquete" (Lucas 13,29). Jesús toma las mismas palabras del salmo, para aplicarlas a sí mismo.

TERCERA LECTURA: CON NUESTRO TIEMPO

*** *¡Situaciones alienantes y liberación!* No nos detengamos en las cuatro situaciones descritas aquí. Actualicemos este salmo. Detrás de los "viajeros perdidos", que vagan por "caminos perdidos", vemos a muchos de nuestros contemporáneos, jóvenes, que dicen que su vida no tiene sentido y no va hacia ninguna parte... En los "cautivos", evocamos a muchos de nuestros hermanos encadenados por hábitos o estructuras sociales alienantes... En los enfermos, para quienes "ningún alimento es agradable", vemos a todos aquellos que han perdido el gusto de vivir y se desesperan...; en los "náufragos" vemos a aquellos que se encuentran en situaciones sin salida, por malos golpes de la fortuna, por accidentes, por desgracias físicas inevitables... Para orar de verdad con este salmo, en medio del mundo de hoy, basta abrir los periódicos del día, o escuchar la televisión, para lanzar hacia Dios el "grito" de los que sufren. "En su angustia, clamaron al Señor". Muchos, se olvidan de hacerlo, otros no tienen la fuerza de hacerlo: ¿somos la voz de los que no tienen voz?

Jesús calma las tempestades. La descripción de la tempestad, en medio del salmo, es de una gran belleza, aun desde el punto de vista literario. Es también un símbolo, más allá de los detalles concretos. Para un semita, un "terreno" de aquellos tiempos, el marino que se lanzaba a navegar el mar, era "el hombre audaz", que dominaba la fuerza de la naturaleza para hacer el comercio (imagen del hombre moderno que cree haber dominado todo). He aquí que este hombre, que se creía astuto, "titubea y trastabilla" como un borracho... Basta que la mar se encrespe para que toda su sabiduría, tan segura de sí misma, sea engullida, por las rachas de agua salada del mar... causando un mareo horrible, vómitos que parecen "arrancar hasta el alma". La tempestad es símbolo del juicio de Dios contra el hombre orgulloso, cuya falta más grave y más ridícula a la vez, como dice el salmo, consiste en "rebelarse contra los Mandamientos de Dios, despreciando los consejos del Altísimo". El salmo no anda con medias tintas y afirma con fortaleza que: "Dios arroja el oprobio sobre los poderosos y los hace vagar por un caos ("Tohu - Bohu" en hebreo) sin camino". Alusión al faraón que se creía muy fuerte y fue a parar al caos del Mar Rojo. Alusión a todo orgullo que pretende prescindir de Dios y lo único que hace es sumirse en el caos. Jesús es aquel que "por nosotros" se yergue ante las tempestades y las "hace callar" (igual palabra usada en el salmo y en el Evangelio) (Marcos 4,39).

Una ciudad para vivir. Dos veces en el salmo 106, escuchamos esta fórmula, que simboliza la seguridad. Para el nómada, expuesto a los vaivenes de la vida errante, la "ciudad", con sus murallas firmes, era un sueño de estabilidad y de paz. Nuestro mundo moderno es un mundo urbanizado. No experimentamos el mismo sentimiento. Por el contrario, las grandes ciudades se convierten cada vez más en lugares de anonimato e inseguridad. Pero la antigua oración sigue siendo actual: que nuestras ciudades sean "habitables". Lugares "para establecerse y habitar tranquilamente". Esta "CIUDAD" con que sueñan para el futuro, era la Jerusalén mesiánica. San Juan en su Apocalipsis, la vio descender del cielo; era la nueva Jerusalén, la Iglesia (Apocalipsis 21,2). Oremos y trabajemos para que nuestras ciudades terrenas se parezcan algo a ellas.

Reconocer el amor del Señor... Dar gracias al Señor por su amor... (misericordia). El objetivo de la "revisión de vida" es justamente que a través de los acontecimientos concretos de la vida, sepamos "reconocer" a Dios en acción. Es lo que hace este salmo. Nos invita a continuar, en nuestra vida de hoy, esta relectura de los "hechos" a la luz del amor de Dios. ¿Cómo puedo descubrir en lo que me sucede hoy, en lo que sucede en el mundo, que Dios es "salvador", "liberador", "Pastor"?

Liberación y Comunión. En la segunda estrofa de este salmo, están resumidos a la perfección los dos aspectos inseparables de todo "salvamento". La Salvación tiene dos fases por así decirlo: se trata ante todo de ser "liberado" de una situación opresora... para luego vivir una "comunión"... El verdadero "salvado", es a la vez quien "es rescatado de la mano del opresor" y quien está junto con los demás". No hay verdadera liberación sin solidaridad. La vida de Dios es "comunión" de tres personas entre sí. El cielo prometido, es también eso: vivir finalmente un amor pleno. Tal es el "designio de Dios", tal es su "proyecto". Todo lo que en este sentido hacemos en nuestra vida, es una participación directa en la obra que Dios está realizando.

אוֹדֶה יְהוָה בְּכָל־לֵבָב

RECUERDOS... MEMORIAL... ACCION DE GRACIAS...

Todo lo que Dios ha hecho por nosotros... Por mí...

Debo recordarlo...

Debemos recordarlo...

"Juntos" en Asamblea

El "maná"... El "Pan de Vida" de la Alianza

La "tierra prometida"...

"La Iglesia"
la comunidad

La "ley"... "El Evangelio"

Nueva ley del amor

"La liberación"...
La salvación eterna, la "Redención"

La verdadera "sabiduría", es:

"Hacer" la voluntad de Dios...

"Alabarlo sin cesar...

SALMO 110

GRANDES SON LAS OBRAS DEL SEÑOR

¡Aleluya!

Doy gracias al Señor de todo corazón,
en compañía de los rectos, en la asamblea.
Grandes son las obras del Señor,
dignas de estudio para los que las aman.

Esplendor y belleza son su obra,
su generosidad dura por siempre;
ha hecho maravillas memorables,
el Señor es piadoso y clemente.

El da alimento a sus fieles,
recordando siempre su alianza,
mostró a su pueblo la fuerza de su poder,
dándoles la heredad de los gentiles.

Justicia y verdad son las obras de sus manos,
todos sus preceptos merecen confianza:
son estables para siempre jamás,
se han de cumplir con verdad y rectitud.

Envió la redención a su pueblo,
ratificó para siempre su alianza,
su nombre es sagrado y temible.

Primicia de la sabiduría es el temor del Señor,
tienen buen juicio los que lo practican;
la alabanza del Señor dura por siempre.

Antes de hacer cualquier otro comentario, tenemos el placer de citar por entero la maravillosa paráfrasis que Paul Claudel escribió sobre este salmo. A partir de su conversión, a los veinte años, Claudel hizo de los salmos su alimento cotidiano. "Hace más de 60 años que los leo y que les hago preguntas y que ellos por su parte me las hacen a mí... Es como acercarse a una fuente inagotable... Sencillamente, creo con todas mis fuerzas que es Dios, en persona, con quien hablo,... Yo le hablo y El me habla...". Escuchemos, saboreemos, comparemos:

¡Oh, buenas gentes, puede ser que no seáis bastantes para decir a Dios que estamos contentos de El!

Es maravilloso lo que ha hecho para nosotros, es de una perfección increíble.

Nuestro corazón está lleno de su Magnificencia y su justicia se pasea triunfante a través de todos los siglos.

En nosotros piensa alguien que tiene memoria y está lleno de ternura y piedad.

Cuando estamos de acuerdo con El, pone pan en nuestra boca para que lo comamos.

Lo que El hace, el sabor que ello tiene, le divierte que lo saboreemos.

Todas las naciones del mundo han sido hechas sólo para nosotros, para que las disfrutemos. Sus manos son verdad y justicia.

Su justicia no es una cosa un día y otra el siguiente, los siglos siguen su camino, eso no cambia nada, camina en la verdad y la justicia.

Envió a Alguno que pagara en lugar nuestro, pactó algo con nosotros.

Su nombre es santo y terrible.

La pena de causarle pena; es por allí, hijitos, por donde empezamos a caminar.

Trabajemos en ello con todo el ánimo posible, y los siglos se pondrán de pie ante nosotros para decirnos: ¡bravo!".

PAUL CLAUDEL - *Los Salmos.*

PRIMERA LECTURA: CON ISRAEL

* Este "salmo del ritual de la Alianza" servía en las ceremonias en que el pueblo se volvía a comprometer a observar la Ley y renovaba así su "Alianza" con Dios. La primera frase indica el tema y el estilo: una celebración litúrgica "en la asamblea". El tema de esta "celebración" son las acciones "de Dios", sus "obras", sus "maravillas". Y la obra por excelencia de Dios es la PASCUA, que conlleva dos aspectos, resumidos en la ALIANZA entre Yahveh e Israel:

— El aspecto negativo, es decir la "salida de la situación de esclavitud": liberación.

— El aspecto positivo, es decir, la "entrada" en tierra nueva, con el don de la Ley.

SEGUNDA LECTURA: CON JESUS

** Jesús celebró toda su vida la Pascua de Israel. Pero su última celebración de Pascua fue el cumplimiento y la culminación de todo lo que antes de El sólo había sido "piedras de espera". Al margen del salmo, podemos leer las nuevas "obras" de Dios: al maná de la prolongada marcha del desierto corresponde el "Pan de Vida", "comestible" a sus fieles... A la entrada en la tierra prometida corresponde la entrada en la Iglesia, comunidad de creyentes... Al don de la Ley corresponde el don de la "nueva Ley" del Evangelio... A la liberación de Egipto corresponde una "liberación" diversamente radical, la Redención del pecado y de la muerte mediante la resurrección. Este salmo se canta en las vísperas del domingo: este día "memorial" de la Pascua de Jesús. Y cada Misa debe ser para nosotros la celebración del "recuerdo" de las maravillas que Dios ha realizado: "Haréis esto en memoria mía". Sí, Cristo resume para nosotros todas las "acciones" que Dios ha hecho, todos los beneficios de Dios en favor nuestro.

Jesús no cesaba de contemplar a "Dios en acción": "Mi Padre sigue obrando todavía, y por eso obro Yo también" (Juan 5,17). "Lo que hace el Padre, lo hace igualmente el Hijo" (Juan 5,19).

"¡De todo corazón, te daré gracias!". Tal era la atmósfera habitual del alma de Jesús. Y "la Eucaristía" (acción de gracias), que nos pidió celebráramos sin cesar, es el cumplimiento de la última promesa del salmo": "para siempre permanecerá su alabanza". ¿Son de verdad nuestras Misas alabanza, alegría, agradecimiento, aclamación?

TERCERA LECTURA: CON NUESTRO TIEMPO

*** *Crearse un ambiente de alegría, de alabanza.* En vez de dejarse llevar por la morosidad y el pesimismo, el hombre de hoy es invitado, por este salmo, a la alegría y la luz. La "vida ordinaria" del hombre o de la mujer que ama, no es banal. Su amor ilumina interiormente su vida de cada día. Dios es la luz de los pobres.

Dios es el amor de los que "no tienen amor". A quien no sabe leer, un libro no le sirve de nada. Pero tiene ante sus ojos un libro amplia y permanente abierto: la naturaleza, en que no cesan de brillar las maravillas de Dios... La historia en que el Padre no deja de obrar... La más pequeña flor en un florero, o en la ventana de un pobre, es una riqueza más grande que todas las riquezas del mundo. Podemos ser felices todo el día, con Dios. Podemos "leer el libro de Dios" todo el día, aun en medio de nuestros trabajos y ocupaciones. Para ello hace falta inteligencia y corazón, la verdadera inteligencia que los intelectuales quizá desdeñen: "Quienes aman las obras del Señor, *se instruyen en ellas...* Quien cumple la voluntad del Señor, *es guiado por ella...*". Hay abuelitas, muy sencillas, que saben más sobre esto, que todos los teólogos y sabios del mundo: "Te doy gracias, oh Padre, porque ocultaste estas cosas a los sabios y prudentes, y las revelaste a los pequeñuelos" (Mateo 11,25).

Recordar. El cristianismo, siguiendo los pasos del judaísmo, es una religión enteramente "original", basada no en ideas o doctrinas, sino en "hechos". Nuestro credo no es un sistema de pensamiento, una ideología, es el relato de una sucesión de acontecimientos históricos: yo creo en Dios y en todo lo que El ha HECHO... La Creación, la Encarnación, la Redención, la Iglesia. Nuestra manera de orar, la de los cristianos, es "hacer memoria". Ampliemos esta fuente de oración, evocando en nuestro recuerdo todo lo que Dios ha hecho por nosotros: "el Señor hizo en mí maravillas" cantaba María, prolongando este salmo. Nuestros antepasados creían en la "providencia" de Dios, es decir, en lo que Dios hace por nosotros: ¿qué hemos puesto en su lugar?

אַשְׁרֵי־אִישׁ יָרֵא אֶת־יְהוָֹה

FELICIDAD DEL HOMBRE QUE VIVE SEGUN:

Adoración — *Primer mandamiento:*
"*Amar a Dios*".
— Numerosa descendencia...
— Prosperidad material...

Compartir — *Segundo mandamiento:*
Rectitud — "*Amar al prójimo*".

— Firmeza contra los...

La desgracia...

Generosidad
Justicia

SALMO 111

BIENAVENTURADO EL QUE TEME AL SEÑOR

¡Aleluya!

Dichoso quien teme al Señor
y ama de corazón sus mandatos.
Su linaje será poderoso en la tierra,
la descendencia del justo será bendita.

En su casa habrá riquezas y abundancia,
su caridad es constante, sin falta.
En las tinieblas brilla como una luz
el que es justo, clemente y compasivo.

Dichoso el que se apiada y presta,
y administra rectamente sus asuntos.
El justo jamás vacilará,
su recuerdo será perpetuo.
No temerá las malas noticias,
su corazón está firme en el Señor.
Su corazón está seguro, sin temor,
hasta que vea derrotados a sus enemigos.

Reparte limosna a los pobres;
su caridad es constante, sin falta,
y alzará la frente con dignidad.

El malvado, al verlo, se irritará,
rechinará los dientes hasta consumirse.
La ambición del malvado fracasará.

PRIMERA LECTURA: CON ISRAEL

* Este salmo hacía parte de las ceremonias en que Israel renovaba su Alianza con Dios. Dos veces al año, el día de Pascua y el día de la Fiesta de los Tabernáculos, Israel se comprometía una vez más a ser fiel a Dios y a su Ley... Una especie de "profesión de fe". Difícilmente podemos imaginarnos en nuestro mundo actual el clima de inseguridad en que vivían los antiguos pueblos. Las relaciones de "Alianza" de los pueblos débiles con sus vecinos poderosos eran entonces cuestiones de vida o muerte. Todas las relaciones inter-ciudades o inter-pueblos estaban regidas por un conjunto complejo de lazos de soberanía y de vasallaje en que el "pequeño" se sometía al más "fuerte" a cambio de la protección que éste le prometía. Los tratados de "Alianzas" hititas son muy conocidos en la historia. Sobre este modelo Israel concibió sus relaciones con Dios.

La realidad de la Alianza tenía entonces una extraordinaria carga de afectividad y seguridad: admirable pensar (¡qué audacia!) que el Todopoderoso se haya aliado "por amor" con el pueblo de Israel. ¡Qué responsabilidad también! El Dios con quien se hacía la Alianza no era un cualquiera, sino el Dios de la vida, el creador de la naturaleza y del hombre, cuyas "Leyes" se debían respetar. Tal es el tema de este salmo 111 anunciado desde los dos primeros versos: "¡Aleluya! ¡Bienaventurado el que teme al Señor y se deleita en su voluntad!". Este salmo 111, como el anterior, es un acróstico, ya que cada uno de los 22 versos comienza con una de las 22 letras del alfabeto hebreo: procedimiento nemotécnico para aprenderlo de memoria y al mismo tiempo procedimiento simbólico para significar la totalidad de la Ley. Esta sujeción literaria impone un cierto desorden en las ideas. No obstante hay que admirar el hecho de que la Ley se resume prácticamente en estos dos amores esenciales: "Amarás al Señor tu Dios... y a tu prójimo..."

A quien cumple estos dos mandamientos se le prometen tres formas de dicha: numerosa posteridad, prosperidad en los negocios materiales, inmunidad contra los ataques de la desgracia, de los malvados, de la mala fortuna...

Aquí cabe una observación capital: hay una correspondencia entre los dos salmos que siguen (el 110 y el 111) y que son igualmente alfabéticos. El primero sólo habla de Dios (sujeto de todos los verbos), y el segundo sólo habla del "justo" (sujeto de casi todos los verbos). En esta forma se afirma con vehemencia que el fin de la Alianza entre Dios y el hombre es configurar éste a semejanza de Dios. A este respecto, observemos la audacia de algunas fórmulas, que no pueden ser fruto del azar:

"Su justicia permanecerá para siempre...".

Salmo 110 - 6a. línea: se trata de Dios.

"Para siempre permanecerá su justicia":

Salmo 111 - 6a. línea: se trata del justo.

"El Señor es clemente y compasivo...".

Salmo 110 - 8a. línea: "Definición de Dios".

"El justo es clemente y compasivo...".

Salmo 111 - 8a. línea: "Definición del justo".

SEGUNDA LECTURA: CON JESUS

** La audaz "asimilación" entre *Dios y el hombre* que se somete a Dios no puede menos de hacernos pensar en Jesús, Hombre Dios, aunque el salmista no lo hiciera, como es obvio. El único "Justo" verdadero es Jesús, el Mesías.

Relacionando este salmo 111 y el Evangelio de San Mateo (5,14), la Iglesia, en el quinto domingo ordinario del año "A" nos invita a meditar precisamente sobre la "participación del hombre en la naturaleza divina", como lo dice también San Pedro (1 Pedro 1,4). Jesús, iluminado por este salmo, dijo a sus discípulos: "Ustedes son la luz del mundo", después de haber dicho: "Yo soy la luz del mundo".

Releamos este salmo, poniéndolo en los labios de Jesús. ¿Quién mejor que El, "amó a plenitud la voluntad del Padre"? ¿Quién ha tenido una posteridad igual a la de Jesús? ¿Quién fue un enamorado de la Justicia, la ternura y la piedad? ¿Quién dio a los pobres más que El? ¿Quién fue "luz de los corazones rectos"? ¿Quién fue más "glorificado" que Jesús en su Resurrección? Por lo que hace al Impío, Príncipe de este mundo, que rechina los dientes ante la derrota, Jesús triunfa sobre él, mediante la Pascua (Juan 16,33), anuncio de la victoria final el Día Escatológico de Dios.

TERCERA LECTURA: CON NUESTRO TIEMPO

*** *La búsqueda de la verdadera felicidad.* A primera vista parece rudimentaria esta "felicidad" prometida aquí. Sin embargo, el hombre moderno también aspira a una vida de familia feliz, a un cierto éxito en sus empresas, a la tranquilidad de alguien protegido de la desgracia. ¿Por qué hacer algo raro de esas realidades? El hombre del pasado, en particular el judío, consideraba estos logros como un signo de respeto a la naturaleza de las cosas. Estas formas de felicidad no están "prohibidas". Dios no nos prohíbe ser "felices", al contrario, es su deseo que lo seamos: es la primera palabra del salmo y la primera de las Bienaventuranzas. Ahora bien, la felicidad más profunda no está en los "bienes materiales": hay una felicidad que nadie puede arrebatar al justo y es su "justicia" misma... Es decir, la felicidad de "compartir" de cumplir su deber, de "hacer correctamente" sus negocios, a riesgo de pobreza, en un mundo sin conciencia.

Ser un justo. Hay que comprender bien este concepto a riesgo de que degenere en cierto orgullo farisaico. El justo es un hombre "de acuerdo" con Dios, que "corresponde" perfectamente al proyecto del creador... Así como se dice "justo", de un zapato que se acomoda perfectamente al pie, ni demasiado grande ni demasiado pequeño... O del cálculo que es "justo", cuando corresponde a la verdad. Igualmente el hombre, es justo cuando se asemeja a la idea que Dios tiene de él, cuando se modela según Dios. Señor, Tú que eres el Amor, haz que nos asemejemos a Ti, Señor, Tú que eres luz, da a nuestras vidas el brillo de un día de verano. Señor, Tú que eres Santo, haz que busquemos la perfección en toda cosa.

Los dos mandamientos. El Antiguo Testamento, tuvo el gran mérito de unir estrechamente los deberes del hombre "hacia Dios" y los deberes del hombre "hacia el hombre". Jesús también resumió en el "amor" toda la conducta moral humana: "lo que hacéis al más pequeño de los míos, lo hacéis conmigo" (Mateo 25). En este salmo, que habla esencialmente de la Alianza con Dios, vemos ya resaltados los deberes sociales: "El justo jamás vacilará, reparte... a manos llenas, da al pobre...". Sí. Dios es el fiador de la dignidad humana y el promotor de la igualdad entre los hombres.

אָהַבְתִּי יְהוָֹה

ACCION DE GRACIAS. Después de la liberación de un peligro mortal.

Sí, amo al Señor: El escucha,
El es acogedor...

— Una imagen: caí en la trampa de un terrible cazador, atrapado, en sus redes infernales...

Tristeza, angustia...

Entonces oré.

Dios es "justicia", "piedad", "ternura"...
Está al lado de los pequeños y los débiles, para salvarlos.

El alma, temblando aún de miedo ante los peligros, se exhorta a recobrar la calma...

Certeza, paz, alegría, en su "presencia".
En la tierra de los "vivos".

PRIMERA LECTURA: CON ISRAEL

* Este salmo de acción de gracias hace parte del "Hallel egipcio". Los judíos lo cantan al finalizar la comida Pascual, después de recordar la liberación de la esclavitud de Egipto. Este contexto es el telón de fondo. Los prisioneros liberados, los antiguos deportados, los que han escapado a un grave peligro... comprenderán mejor. Israel estaba efectivamente atado en las redes del terrible faraón, sin ninguna libertad, atado con nudos de la más dura sujeción: sofocado en medio de una civilización de

SALMO 114

ESTABA DEBIL, EL ME SALVO

¡Aleluya!

Amo al Señor, porque escucha
mi voz suplicante,
porque inclina su oído hacia mí
el día que lo invoco.

Me envolvían redes de muerte,
me alcanzaron los lazos del abismo,
caí en tristeza y angustia.
Invoqué el nombre del Señor:
"Señor, salva mi vida".

El Señor es benigno y justo,
nuestro Dios es compasivo;
el Señor guarda a los sencillos:
estando yo sin fuerzas me salvó.

Alma mía, recobra tu calma,
que el Señor fue bueno contigo:
arrancó mi vida de la muerte,
mis ojos de las lágrimas,
mis pies de la caída.

Caminaré en presencia del Señor
en el país de la vida.

paganismo idolátrico, el pueblo de Dios se sentía como muerto. Se sentía muy "pequeño y débil" frente al formidable poder del estado opresor. Israel "gritó". Y Dios escuchó su clamor, nos dice la Biblia (Exodo 2,23-24). Dios liberó a Israel, y lo hizo entrar en la "tierra del reposo", "la tierra de los vivos"... Esta tierra de Canaán en que se vive a gusto, la tierra misma de Dios, en donde está su Casa y su Ciudad, la tierra en que uno puede vivir "en presencia del Señor". Observemos hasta qué punto este poema está impregnado del acontecimiento Pascual.

¿Podríamos orar con este salmo, olvidando su contexto histórico? Recitémoslo, en nombre de Israel, poniéndonos sicológicamente en el lugar de este pueblo una noche de comida pascual, de este pueblo que tenía conciencia de existir únicamente porque Dios lo había "salvado". Salvados. Somos salvados. Dios nos salvó de la muerte.

SEGUNDA LECTURA: CON JESUS

** ¿Cómo podríamos recitar este salmo, ignorando que Jesús lo cantó la tarde del Jueves Santo, en "acción de gracias" por su última cena? Al instituir la Eucaristía (Eucaristía = acción de gracias), en el cuadro de la comida pascual tradicional de su pueblo, Jesús debió orar este salmo con particular fervor.

"Amo al Señor..." decía el salmo, y Jesús no cesaba de hablar del Padre. "El escucha mi oración..." afirmaba el salmo y Jesús decía: "Yo sé que tú me escuchas siempre" (Juan 11,42).

"Caí en las redes de la muerte, me sorprendieron los lazos del abismo...". Para el salmista, era una imagen simbólica admirable. La Resurrección de Jesús, realizó al pie de la letra esta oración inaudita: "Señor, te lo ruego, líbrame de la muerte".

"Libró mi vida de la muerte... Caminaré en la tierra de los vivientes...". Entre todos los humanos, Jesús solamente puede decir estas palabras con toda verdad... Como primogénito de entre los muertos. Nosotros podemos decirlo también, esperando nuestra propia resurrección.

Con un poco de imaginación, podemos acomodarnos en un rincón del cenáculo, aquella tarde memorable, entre dos discípulos, con oído muy atento, para escuchar la voz de Jesús que canta. No es algo traído de los cabellos. Es la verdad. Jesús cantó las palabras de este salmo, aquella tarde.

Jesús, por otra parte, pidió a sus discípulos "hacer en lo sucesivo" lo que El había hecho aquella tarde: "Haced esto en memoria mía". ¿Realizan nuestras Misas este deseo de Jesús? Incansablemente damos gracias al Padre "que lo salvó de la muerte"... Y "que nos salva por su Resurrección".

TERCERA LECTURA: CON NUESTRO TIEMPO

*** *Situaciones de tristeza y angustia.* La densidad de la oración de Jesús infundida a este salmo no impide que la recitemos hoy por nuestra cuenta, por los oprimidos de hoy, los desesperados de hoy, los enfermos graves de hoy. La imagen de "la red", de "los lazos", es sugestiva. Cuántos hombres y mujeres, desgraciadamente, están "atados", inmovilizados por limitaciones físicas o sociológicas o morales... de las cuales no pueden liberarse.

Cada uno conoce la terrible red en que se encuentra atrapado: este sufrimiento tenaz, este fracaso lacerante, este hábito que no logramos erradicar, este rasgo de temperamento que nos pesa, este pecado que nos tiene atados, esta situación sin aparente salida humana, esta preocupación por el dinero o el porvenir, esta preocupación ante los comportamientos de los niños, de los bebés. ¡Pobre humanidad! Habría que taparse los ojos, para no ver tanta angustia.

Recitar los salmos, celebrar el Oficio, no es de ninguna manera marginarse de la realidad de este mundo. Nuestro "oficio" es justamente orar por el mundo. La condición humana en su totalidad está presente en los salmos.

El grito de mi oración. La Biblia es con frecuencia más "veraz" que nosotros. En occidente, a menudo hemos suavizado la religión, la hemos civilizado, la hemos hecho culta. No hay que hacer ruido, no hay que gritar. ¡Vamos pues! Dios, escucha nuestros gritos. No se escandaliza por ellos. Los salmos están llenos de gritos (Salmos 27,1 - 29,9 - 30,23 - 54,17 - 56,3 - 68,4 - 76,2 - 80,8 - 94,1 - 106,6 - 119,1 - 129,1 etc...). En este momento, sube desde la tierra un gran clamor. No nos tapemos los oídos. Hagamos que resuenen hacia Dios. Comprometámonos a "hacer alguna cosa", en favor de aquellos que gritan así... ¿Lo hacemos?

"*¡Señor, te lo ruego, libérame!*". Oración que debemos repetir. "Líbranos del mal". "Líbrame de todo mal". Jesús nos sugirió orar de esta manera.

Nuestro Dios es ternura, defiende a los pequeños. Nuestro Dios no es insensible. El mal le hace mal. Sufre con sus hijos. Como una madre que se siente personalmente herida por todo lo que se relaciona con los suyos. Nuestro Dios es un Dios vulnerable.

Alma mía, recupera la calma. No se puede vivir en una tensión perpetua. Dios nos sugiere bondadosamente que tomemos un poco de reposo. Pero ¿"dónde" está este reposo?

"*Libró mi alma de la muerte, marcharé en la presencia del Señor en la tierra de los vivientes*". ¿Por qué en vez de rebelarnos y acusar a Dios del mal existente en el mundo, no lo escuchamos? Nos dice, y lo repite, que nos hizo para la resurrección... Para la vida, para "su" vida divina. El mundo moderno, acusa frecuentemente a Dios de haber creado un mundo imperfecto. Pero no escucha la respuesta.

"Yo soy la Puerta, dice Jesús... Quien pasa por Mí encontrará la vida... Vine para que los hombres tengan vida, y la tengan en abundancia" (Juan 10,10).

¿Solemos, como lo hizo el salmista, como lo hizo Jesús, terminar un "grito de oración" mediante un apacible "canto de acción de gracias"? En la confianza de la fe... En el "reposo del alma" recuperado...

SALMO 118

¡CON QUE AMOR AMO TU LEY!

ALEF

Dichoso el que, con vida intachable,
camina en la voluntad del Señor;
dichoso el que, guardando sus preceptos,
lo busca de todo corazón;
el que, sin cometer iniquidad,
anda por sus senderos.
Tú promulgas tus decretos
para que se observen exactamente.
Ojalá esté firme mi camino,
para cumplir tus consignas;
entonces no sentiré vergüenza
al mirar tus mandatos.

Te alabaré con sincero corazón
cuando aprenda tus justos mandamientos.
Quiero guardar tus leyes exactamente,
tú no me abandones.

BET

¿Cómo podrá un joven andar honestamente?
Cumpliendo tus palabras.
Te busco de todo corazón,
no consientas que me desvíe de tus mandamientos.
En mi corazón escondo tus consignas,
así no pecaré contra ti.
Bendito eres, Señor,
enséñame tus leyes.
Mis labios van enumerando
los mandamientos de tu boca;
mi alegría es el camino de tus preceptos,
más que todas las riquezas.
Medito tus decretos,
y me fijo en tus sendas;

tu voluntad es mi delicia,
no olvidaré tus palabras.

GUIMEL

Haz bien a tu siervo: viviré
y cumpliré tus palabras;
ábreme los ojos y contemplaré
las maravillas de tu voluntad;
soy un forastero en la tierra:
no me ocultes tus promesas.

Mi alma se consume, deseando
continuamente tus mandamientos;
reprendes a los soberbios,
infelices los que se apartan de tus mandatos;
aleja de mí las afrentas y el desprecio,
porque observo tus preceptos.

Aunque los nobles se sientan a murmurar de mí,
tu siervo medita tus leyes;
tus preceptos son mi delicia,
tus decretos son mis consejeros.

DALET

Mi alma está pegada al polvo:
reanímame con tus palabras;
te expliqué mi camino, y me escuchaste:
enséñame tus leyes;
instrúyeme en el camino de tus decretos,
y meditaré tus maravillas.

Mi alma llora de tristeza,
consuélame con tus promesas;
apártame del camino falso,
y dame la gracia de tu voluntad;
escogí el camino verdadero,
deseé tus mandamientos.

Me apegué a tus preceptos,
Señor, no me defraudes;
correré por el camino de tus mandatos
cuando me ensanches el corazón.

HÉ

Muéstrame, Señor, el camino de tus leyes
y lo seguiré puntualmente;
enséñame a cumplir tu voluntad
y a guardarla de todo corazón;
guíame por la senda de tus mandatos,
porque ella es mi gozo.

Inclina mi corazón a tus preceptos,
y no al interés;
aparta mis ojos de las vanidades,
dame vida con tu palabra;
cumple a tu siervo la promesa
que hiciste a tus fieles.

Aparta de mí la afrenta que temo
porque tus mandamientos son amables;
mira cómo ansío tus decretos:
dame vida con tu justicia.

PHÉ

Tus preceptos son admirables,
por eso los guarda mi alma,
la explicación de tus palabras ilumina,
da inteligencia a los ignorantes;
abro la boca y respiro,
ansiando tus mandamientos.

Vuélvete a mí y ten misericordia,
como es tu norma con los que aman tu nombre;

asegura mis pasos con tu promesa,
que ninguna maldad me domine;
líbrame de la opresión de los hombres
y guardaré tus decretos.
Haz brillar tu rostro sobre tu siervo,
enséñame tus leyes;
arroyos de lágrimas bajan de mis ojos
por los que no cumplen tu voluntad (...)

PRIMERA LECTURA: CON ISRAEL

* Hemos tomado sólo seis estrofas, de este salmo, el más largo del salterio. Se compone de 22 estrofas de 8 versos encabezadas por 22 letras del alfabeto hebreo. En cada estrofa, cada verso comienza por la misma letra. Así por ejemplo, cada línea de la primera estrofa comienza con la letra Aleph, cada línea de la segunda comienza por Beph, y así las demás. Es como el A.B.C. del amor a la Ley. Es más, el autor introdujo en cada verso la palabra "Ley" o uno de sus sinónimos. Tus exigencias, tus caminos, tus preceptos, tus mandamientos, tus voluntades, tus decisiones, tu palabra, tus promesas.

Podría pensarse que este salmo es una especie de cinturón de seguridad literario... Ahora bien, el autor no se preocupa por las apariencias. Es más bien un "enamorado" de Dios que no se cansa de repetir indefinidamente: "yo te amo"... "yo te amo"... "yo te amo"... Quien nunca se ha enamorado no comprenderá esto y le parecerá monótona esta repetición. Vista ya la sutil composición de este salmo, de inmediato hay que olvidarla y recitarlo, de una sola vez, como una especie de murmullo, como una respiración, como una pulsación. Hay aquí una especie de danza interior, un rito algo íntimo. Observemos la abundancia de "posesivos" en segunda persona del singular. Este tuteo amoroso es embrujador: "Tu" Ley... "Tus" voluntades... "Tu" rostro... "Tus" órdenes... etc.

SEGUNDA LECTURA: CON JESUS

** Si nos parece rigurosa esta actitud de observancia de la Ley, basta pensar en la actitud de Jesús y sus "mandamientos".

Ante su Padre, Jesús siempre tuvo un comportamiento de obediencia amorosa, tal como lo expresa este salmo. "Obro según el mandamiento que me dio mi Padre" (Juan 14,31) "Hágase tu voluntad" (Mateo 6,10 - 26,42). "Mi alimento es hacer la voluntad de mi Padre" (Juan 4,32).

Ningún moralista de la historia relacionó como Jesús la "obediencia" y el "amor". "Si me amáis, seréis fieles a *mis mandamientos*" (Juan 14,15). El que recibe mis *preceptos* y los guarda, ése es el que *me ama*;... Yo también lo amaré..." (Juan 14,21).

Al recitar este salmo, no olvidemos que el único mandamiento, la única voluntad de Dios, es que nos amemos. "¿Cuál es el mayor mandamiento de la Ley? Amarás (Mateo 22,36). "Os doy un mandamiento nuevo: amaos los unos a los otros, como Yo os he amado" (Juan 13,34). Toda vez que aparece en cada verso la palabra "Ley" o uno de sus equivalentes, hay que darle este sentido. "Enséñame tus mandamientos = Enséñame a amar verdaderamente". "Haz que yo viva según tu palabra = Haz que yo viva amando de verdad".

TERCERA LECTURA: CON NUESTRO TIEMPO

*** Este salmo 118 era uno de los preferidos de Pascal.

La Ley de Dios, es también la "Ley interna" del hombre. La Ley, para un hebreo, no era este código jurídico, rígido, de "permitido y prohibido", transmitido por la herencia romana. La Ley era el más bello regalo de Dios, el don de Dios al pueblo que El amaba, con el que había hecho Alianza. El hombre sin Ley, es un hombre abandonado a sí mismo, que no sabe cómo comportarse, que no conoce las normas de su propio ser. La Biblia, a menudo, establece una relación entre las leyes del universo y las leyes morales, siendo las primeras garantía de las segundas. En efecto, el desarrollo de las ciencias, en estos tiempos modernos, nos ha enseñado hasta qué punto los seres están construidos según estructuras delicadas y complejas que no se pueden violar impunemente. Quien no respeta las leyes de la naturaleza, las leyes internas que rigen su vida... se destruye inexorablemente. La Ley de Dios es "vital", es una regla de vida. "Mira: hoy pongo ante ti la vida y la felicidad, o bien, la muerte y la desgracia" (Deuteronomio 30,15). Al revelarnos Dios la Ley de nuestro ser, nos hace un gran servicio: seguir esta ley es crecer, es vivir.

El amor, energía esencial, Ley esencial. El Padre Teilhard de Chardin, hablando a la vez como paleontólogo, filósofo y teólogo, afirma: "El Amor es la más universal, la más formidable y la más misteriosa de todas las energías cósmicas... Cuanto más escudriño la pregunta fundamental sobre el porvenir de la tierra, más me doy cuenta que el principio generador de su unificación no hay que buscarlo solamente en la contemplación de una sola verdad, ni en el solo deseo provocado por una cosa, sino en la atracción común ejercida por un Alguien... ¡Amáos los unos a los otros! Esta palabra, pronunciada hace ya dos mil años, se descubre como la Ley estructural y esencial de lo que llamamos "progreso" y "evolución". Esta Ley del Amor entra en el dominio científico de las energías cósmicas y de las leyes necesarias".

La obediencia a Dios, una alegría, un logro. Escuchemos una vez más las traducciones sui generis de Paul Claudel:

"Estoy sobre la tierra como un hombre extraviado:

"Dame una señal para encontrarme...

"La ceguera no es la forma de ver claro, ni el andar tortuosamente, la de andar derecho...

"Mis labios no hacen más que repetir Tu boca... Quita de mis pies el tapiz del mal, fabrícame una pendiente hacia el bien... Tus mandamientos, un trampolín bajo mis pies... Corta todo aquello que en mí va hacia algo distinto del fruto... Es una locura ver trabajar a todos estos chapuceros que se oponen a tu Ley... Una linterna alumbra el camino ante mí para conducirme... Tengo Tu mano sobre la mía...".

Ley jurídica y relaciones personales. Con frecuencia, consideramos la Ley como una "cosa", como un "código impersonal". En este sentido, cometer una infracción contra la Ley, no tiene importancia, si uno no es visto. En este salmo, la Ley tiene relación con "Alguien". Los sinónimos utilizados son elocuentes: Tu Ley... Tus exigencias... Tus caminos... Tus preceptos... Tus mandamientos... Tus voluntades... Tus decisiones... Tus palabras... Cuando dos personas se aman, están ligadas la una a la otra por una especie de Ley, pero una Ley que no tiene nada que ver con los juridismos, o los formalismos: "Puesto que te amo, me siento íntimamente obligado a escucharte, a darte gusto, a cumplir tus deseos. Dime qué deseas. Seré feliz haciéndolo". Esto debería ocurrir entre Dios y nosotros. La "moral" antes que un problema de "permitido y prohibido" es cuestión de relación entre dos voluntades, entre dos personas. Un código de leyes no puede perdonarme: cuando he cometido la infracción, subsiste. Pero "alguien" puede perdonarme, por el pesar que le he causado rehusándole algo.

Padre, hágase Tu voluntad. Una forma de recitar este salmo, podría ser, la de repetir como una especie de estribillo la fórmula del "Padre Nuestro", después de cada uno de los versículos. Sería dar contenido concreto a esta petición de la oración de Jesús.

אֵלֶיךָ נָשָׂאתִי אֶת־עֵינַי

Los "ojos" ¡Hacia Ti!

Los "ojos"

Hacia la "mano"

Los "ojos"

Hacia la "mano"

Nuestros "ojos"

¡Hacia Dios!

piedad

piedad

Hartos de menosprecio...

Hartos
de desprecio...

PRIMERA LECTURA: CON ISRAEL

* Salmo de Peregrinación o "salmo de Subida", este poema es una joyita literaria, cuyo ritmo verbal está cincelado mediante un juego de repeticiones significativas: los ojos, la mano, "hacia"... Piedad, hartos, despreciados... El pueblo de Israel tenía conciencia de ser un pueblo de "pequeños", de "pobres", de "oprimidos", de "despreciados". Todo esto lo dice la palabra hebrea "Anawin" que se traduce ya por "pobre", ya por "humilde". Lejos de abatirse por esta situación, los judíos se apoyaban en ella para "volverse a Dios sólo": privados de todo poder político o militar, ellos "volvían los ojos hacia el cielo".

La imagen del "servidor" y de la "servidora" corresponde a una civilización ya superada. No se trata aquí de la relación "señor-esclavo" analizada por Karl Marx, se trata más bien, de una relación "familiar": el servidor en cuestión tiene gran veneración amorosa hacia su señor y acecha el menor signo para obrar rápidamente.

SALMO 122

HACIA TI ALZO LOS OJOS

A ti levanto mis ojos,
a ti que habitas en el cielo.
Como están los ojos de los esclavos
fijos en las manos de sus señores,
como están los ojos de la esclava
fijos en las manos de su señora,
así están nuestros ojos
en el Señor, Dios nuestro,
esperando su misericordia.

Misericordia, Señor, misericordia,
que estamos saciados de desprecio;
nuestra alma está saciada
del sarcasmo de los satisfechos,
del desprecio de los orgullosos.

SEGUNDA LECTURA: CON JESUS

** "Los ojos vueltos hacia Dios, hasta que El se compadezca de nosotros...". ¡Qué bella es esta oración muda y perseverante! Los únicos que hablan son los ojos... Como los ojos de un niño, que miran fijamente a su madre, en actitud suplicante. Jesús nos recomendó orar "con perseverancia", aun siendo importunos (Lucas 18,5 - Lucas 11,5). "Orad sin cesar, sin fatigaros".

"A Ti levanto mis ojos, a Ti que habitas en los cielos...". Varias veces nos dice el Evangelio, que Jesús alzó los ojos al cielo para orar (Mateo 14,19; 15,35-36 - Marcos 6,39-41 - Lucas 9,14-16). "Padre Nuestro, que estás en los cielos...".

Por lo que hace a la trágica súplica de los pobres "hartos de desprecios", Jesús la vivió y la bebió hasta la última gota: murió entre injurias y burlas, desnudo, expuesto a los sarcasmos de sus adversarios, crucificado como un esclavo.

Finalmente Jesús usó frecuentemente la imagen del "Servidor", atento y vigilante. Nos la dejó como consigna: "Quien quiera ser el mayor entre vosotros, que se haga vuestro servidor..." (Mateo 20,26). "Muy bien, siervo bueno y fiel, entra en el gozo de tu Señor..." (Mateo 25,21). "Felices los servidores que su señor encuentra vigilantes" (Lucas 12,36). Jesús se presentó a sí mismo como el Servidor de Dios: "Debo estar a la disposición de mi Padre..." (Lucas 2,49).

TERCERA LECTURA: CON NUESTRO TIEMPO

*** *El tiempo del desprecio.* "Esto es demasiado, estamos hartos de menosprecio de los soberbios". ¡Qué fuerte es esta expresión de "golpe bajo" de aquellos que se sienten escarnecidos! Podemos orar con este salmo, en nombre de aquellos cuya dignidad humana es despreciada, en nombre de los "Derechos Humanos", como se dice hoy, en nombre de los "sin-voz", en nombre de los que sufren ocultamente porque no tienen los medios de hacerse oír en este mundo ruidoso.

Si no queremos caer en lo irreal y la hipocresía, preguntémonos al recitar este salmo, si de alguna manera no participamos en este "tiempo de desprecio". ¿Hay personas a las cuales "yo" despecio? ¿A cuáles grupos amo y respeto con mayor dificultad? ¿Podemos llamarnos "discípulos de Jesús" si aún reservamos parcelas de racismo, de odio, de desprecio, hacia un hombre cualquiera que sea, enemigo o adversario? "Si amáis únicamente a los que piensan como vosotros, no hacéis nada extraordinario, también lo hacen los paganos... (Mateo 5,46-Lucas 6,27).

El espíritu de pobreza: los "Anawim". ¿Estamos en una situación de abundancia, comparativamente respecto a los demás? Deberíamos entonces aplicarnos, los primeros, esta condenación del "desprecio de los orgullosos", que indigna a los pobres.

Los "pobres" llenan los salmos. Se ha dicho que los salmos eran "la oración de los pobres". (Salmos 9,13-19 - 110,9-12 - 14,6 - 18,28 - 22,5-27 - 25,9 - 34,3-7 - 35,10 - 37,11-14 - 40,18 - 69,30-33 - 70,6 - 72,13-14 etc...). Entre los antiguos profetas, los pobres eran una "clase social", la categoría de los oprimidos, de los que no tenían nada, por culpa de sus explotadores. (Amós 2,6-7 - 5,10 - 8,4 - Isaías 3,14-15 - 5,8-9 - 10,2 - Miqueas 2,1-2 - 3,3-4 - 6,12). Pero, a lo largo de la historia de Israel, sobre todo a partir del Exilio, pasó a un segundo plano el sentido "económico y social" de la palabra "Anawim" para dar lugar a un sentido religioso. Los pobres son aquellos "cuya angustia los hace conscientes de su dependencia absoluta de Dios"... "Aquellos que todo lo esperan de su bondad"... "Aquellos a quienes falta algo y no están satisfechos"... "Aquellos cuyo ideal no han logrado alcanzar y que permanecen siempre pobres y disponibles"... "Aquellos que están en búsqueda de una realización, de una perfección mayor"... "Aquellos a quienes la tierra no basta y..." Todos, en el fondo, ante Dios, somos "pobres" "Anawim". Pero podemos ser inconscientes... ¡"Bienaventurados los pobres de corazón, dice Jesús, porque de ellos es el Reino de Dios!". En este sentido "religioso", la palabra "pobre" se opone menos a "rico" que a estas otras palabras: "orgulloso", "malvado", "impío", "gocetas", "escéptico", "burlón", "chancista", "materialista satisfecho". "Esto es demasiado, estamos hartos del escarnio de los pudientes, del desprecio de los orgullosos".

Pero sigue siendo cierto que algo de pobreza material es necesaria para hacernos descubrir la pobreza esencial: cuando todo lo tenemos aquí abajo, cuando ya hemos recibido la consolación, cuando estamos "satisfechos", no estamos preparados a escuchar los llamados espirituales del más allá. Jesús dijo también que las "riquezas" son peligrosas. ¿No será por esto que los países ricos profesan un ateísmo de masa? Quien está harto de bienes materiales corre el riesgo de encerrarse en este mundo mezquino, olvidando que le hace falta lo esencial. El antiguo filósofo griego estigmatizó vigorosamente este ideal del "cerdo gordo" a que se reducen los materialistas.

El espíritu de servicio. "Como los ojos de la esclava, fijos en las manos de su señora"... Estamos en una civilización muy distinta, es cierto. Estas palabras a lo mejor no nos dicen nada, quizá nos fastidian. Sin embargo si logramos superar nuestros esquemas ideológicos, descubriremos un ideal muy moderno: este espíritu de escucha y de atención al otro, tan mencionado por las ciencias humanas. En el fondo, estamos llenos de nosotros mismos y no "acogemos" de verdad al otro. Ojos que miran la mano. Imagen de extrema sutileza sicológica.

"Mi alma alaba al Señor y mi espíritu exulta, porque Dios ha puesto sus ojos en la humildad de su esclava". Paralelo admirable. María vivió, de verdad, el ideal expresado en este salmo 112: se llama a sí misma la humilde "sierva", atenta a hacer la voluntad del Señor. Paradójicamente, el "servicio" se hace a la inversa, la "mirada" de Dios está atenta a realizar el menor deseo de su "sierva".

El espíritu de oración. "Hacia Ti levanto los ojos". Hacia Ti, Señor, elevo mi alma".

En ninguna parte como en los ojos está el alma. Nuestros ojos hablan. Nos pueden servir para la oración... Fijos en un icono, en un crucifijo, en el Tabernáculo... Vueltos hacia el "Pan de Vida", el Cuerpo de Cristo.

לוּלֵי יְהוָה שֶׁהָיָה לָנוּ

Por nada nos escapamos...
Apenas si lo creemos.

UN INMENSO PELIGRO, AMENAZA DE ANIQUILAMIENTO

Tres bellas imágenes:
la fiera, bestia que devora.

El torrente que se lleva todo.

EL PUEBLO "RESCATADO", "LIBERADO"
CANTA SU ACCION DE GRACIAS...

La trampa en que uno cae...

AL DIOS CREADOR DEL UNIVERSO
QUE HA TENIDO A BIEN CUIDAR DE NOSOTROS...

PRIMERA LECTURA: OBSERVACIONES LITERARIAS

* Nunca olvidemos que los salmos son poemas. Aquí, la poesía brilla en cada línea. Las "tres imágenes" concretas son elocuentes:

La *"bestia salvaje"* que amenazaba engullir viva, sin ni siquiera desgarrar la presa, pues le parecía insignificante. (Se trata históricamente del imperio babilónico, encarnado en el Dragón Nabucodonosor, a quien poco faltó de hecho para reducir a un bocado el pueblo de Israel).

SALMO 123

EL LAZO SE ROMPIO

Si el Señor no hubiera estado de nuestra parte
—que lo diga Israel—,
si el Señor no hubiera estado de nuestra parte,
cuando nos asaltaban los hombres,
nos habrían tragado vivos:
tanto ardía su ira contra nosotros.
Nos habrían arrollado las aguas,
llegándonos el torrente hasta el cuello;
nos habrían llegado hasta el cuello
las aguas espumantes.

Bendito el Señor, que no nos entregó
como presa a sus dientes;
hemos salvado la vida como un pájaro
de la trampa del cazador:
la trampa se rompió y escapamos.

Nuestro auxilio es el nombre del Señor,
que hizo el cielo y la tierra.

—Las "*aguas torrentosas*", imagen de una fuerza que irrumpe, desborda, hace espuma y traga todo lo que se le pone en el camino. (Se trata del Mar Rojo y el Jordán, que a lo largo del Exodo, sumergió no a Israel, sino a sus enemigos).

—La "*trampa del cazador*", peligro mortal, temible, desproporcionado. Observemos las repeticiones poéticas, que crean una especie de "ritmo gradual" que avanza grado por grado. Este salmo hacía parte de los salmos de "vida" o cantos de peregrinación. "Sin el Señor... Sin el Señor...".

— "Entonces... Entonces...".
— "Se sumergían.... Sumergidos...".
— "Escapado... Escapado...".
— "La trampa... La trampa...".

Observemos la emoción intensa expresada en la forma abrupta de tratar el tema: el salmista está jadeante, temeroso, acaba de escapar... "Si el Señor no hubiera estado con nosotros, nos hubieran tragado vivos, tanto ardía su ira contra nosotros".

SEGUNDA LECTURA: CON JESUS

** Pensemos en la Resurrección: "Sin Ti, Padre mío, que estabas a mi lado, hubiera sido aniquilado por la muerte cuando se alzaron contra mí... El torrente me sumergía: Bendito seas, Tú que me hiciste escapar de la muerte... La trampa se rompió y quedé libre".

La oración de Jesús es aún el "Padre Nuestro" y sus peticiones finales: "No nos dejes caer en tentación, líbranos del mal"... Peticiones de una tonalidad muy semejante a la del salmo. De los peligros, de lo que amenaza sumergirnos, ¡Señor líbranos! ¡Nuestro socorro está en tu Nombre, Señor!

Jesús, en su Evangelio, utiliza la imagen del pajarillo, símbolo de la pequeñez que Dios protege: "No temáis; ni un pajarillo cae a tierra sin el consentimiento de Vuestro Padre y vosotros valéis mucho más que todos los pajaritos del mundo". Jesús hablaba también este lenguaje concreto propio de los cantos religiosos de su pueblo: para decir que Dios, Creador del cielo y de la tierra, saca tiempo para ocuparse de nosotros; Jesús decía que velaba sobre los pajarillos.

Este salmo es una "acción de gracias". "¡Bendito sea el Señor!". La oración de Jesús es ante todo la Cena, comida eucarística en que El "dio gracias".

TERCERA LECTURA: CON NUESTRO TIEMPO

*** Tengo miedo, Señor, y vengo a decírtelo. Tal podría ser nuestra oración, siguiendo al salmista. *Los peligros* que nos rodean, las tentaciones que amenazan con "tragarnos", *el mal que nos presiona.* Debemos orar con nuestra vida, con nuestras preocupaciones. Nada tiene de raro. Esa es la oración.

Si Tú no estás con nosotros, *Señor*, estamos perdidos. Este "si" condicional es de un poder de sugestión extraordinario. ¿Si Tú, Señor, nos dejas caer, entonces a quién iremos? "Sin el Señor... nos habrían tragado vivos...".

Pero no, yo sé que Tú estás conmigo. El autor de este salmo pasa de la *"queja" a la "acción de gracias"...* Del relato de las preocupaciones a la *gratitud.* ¿Hacemos que surja en nosotros el agradecimiento y la alabanza, aun en situaciones aparentemente desesperadas?

¡Líbranos del mal, Señor! Este torrente en el cual estamos sumergidos, zarandeados, ahogados... Esta Bestia infernal, este Dragón devorador de hombres... Este paganismo, este materialismo, que amenaza constantemente *"engullirnos"...* Estas fuerzas del mal que nos superan y ante las cuales nos sentimos *"agarrados en la trampa"...*

El canto de gratitud de los *"pobres"...* De aquellos cuya única riqueza es Dios. ¿Sin Ti, Señor, qué sería de nosotros? La imagen del pajarillo es particularmente elocuente. Los "Anawim" (palabra hebrea que significa los "pobres") son aquellos que se contentan con poco, aquellos que, como los pajarillos, no están atiborrados de bienes... Estos son "libres", ágiles como un pajarillo, pueden alzar el vuelo.

¿Hasta qué punto reconocemos que somos deudores de Dios? Dios, Salvador. Nosotros, pecadores. Pero pecadores salvados. Gracias. Tú nos has salvado, liberado.

De nuestra parte, ¿qué hacemos para *"liberar" a nuestros hermanos de los peligros* en que se encuentran? Trabajar por la liberación de la humanidad es hacer la obra de Dios. ¿Cuáles son nuestros compromisos reales para "romper los lazos" que impiden a los demás ser libres?

La dimensión colectiva de la oración. Con frecuencia "reducimos" la oración a una especie de "intimismo" personal. Nada más contrario al verdadero Dios, que imaginarlo como "nuestro Diosito, para nosotros solos" y para "nuestros pequeños o grandes problemas personales". El salmista ora aquí, en nombre de todo un pueblo". Israel como nación estaba en peligro de desaparecer. La liberación de que se trata aquí es una liberación colectiva. ¿Al hacer oración, tengo en cuenta todas las preocupaciones del mundo, o solamente las mías, las de mi familia? El mundo en su totalidad penetra hoy en nuestras casas a través de la televisión, los *mass-media.* ¿Los hacemos penetrar en nuestra oración? ¿En nuestra acción de gracias?

הַבֹּטְחִים בַּיהוָה

DIOS PROTEGE A SU PUEBLO

Sión... Jerusalén...
Ciudad de montaña,
Ciudad fuerte,
Ciudad inexpugnable.

Dios protege, sin ahorrar totalmente la prueba...
Unicamente haciendo que las pruebas
no estén por encima de las fuerzas de sus amigos.

Pero para eso, hay que jugar legalmente con Dios...
Quien anda con rodeos, quien trampea con el mundo malvado,
será arrastrado por él...

PRIMERA LECTURA: CON ISRAEL

* Este Salmo gradual corresponde al tiempo de espera de los peregrinos mientras contemplaban la ciudad privilegiada de "Jerusalén"="Yerous-halaïm".

Andrés Chouraqui, que fue alcalde de esta ciudad maravillosa, la llama "la ciudad del desafío": "¿Cómo es posible construir una capital, sobre

SALMO 124

EL CIRCUNDA A SU PUEBLO

Los que confían en el Señor son como el monte Sión:
no tiembla, está asentado para siempre.

Jerusalén está rodeada de montañas,
y el Señor rodea a su pueblo
ahora y por siempre.

No pesará el cetro de los malvados
sobre el lote de los justos,
no sea que los justos extiendan
su mano a la maldad.

Señor, concede bienes a los buenos,
a los sinceros de corazón;
y a los que se desvían por sendas tortuosas,
que los rechace el Señor con los malhechores,
¡Paz a Israel!

montañas inaccesibles y prácticamente desprovistas de agua?" Jerusalén irrumpe en la historia 2000 años antes de la era cristiana. Justamente por estar construida sobre una montaña (la colina de Sión) David la escogió como fortaleza; protegida por dos profundos valles (el Cedrón y la Gehena), circundada por colinas... es la ciudad fácil de defender por excelencia. De ahí el significado de su nombre, "Ciudad de la paz" = "Ciudad de Shalom". Esta capital excepcional es todo un símbolo: garantiza la seguridad de Israel... En ella, con ella, decimos: "¡Paz!".

Sin embargo, esta seguridad material no es una certeza absoluta. Cuando uno "se instala" en la seguridad, olvida la vigilancia característica del nómada y se expone a ser vencido por el enemigo interior que se infiltra insidiosamente: la impiedad que mina por dentro a quienes olvidan estar sobre sí mismos, vigilantes. Por esto la segunda parte del salmo insiste en la importancia de nunca pactar con el mal.

SEGUNDA LECTURA: CON JESUS

** Jesús utilizó la imagen de la "roca inconmovible".

"Os diré a quién es semejante, todo el que viene a mí, escucha mis palabras y las practica. Se asemeja al hombre, que al edificar su casa cava profundamente y cimienta sobre la roca" (Lucas 6,47-48).

De su iglesia, la nueva Jerusalén, él afirmó haberla construido sobre la roca, sobre la piedra: "Tú eres Pedro y sobre esta roca construiré mi Iglesia" (Mateo 16,18).

A menudo Jesús formuló el deseo de "Paz" (Juan 13,27-16,33).

Igual que este salmo, Jesús puso en guardia contra los deslices y rodeos desleales: "Quien no está conmigo está contra Mí" (Lucas 11,23). Algunas parábolas del Evangelio son verdaderas notificaciones: no se puede oscilar indefinidamente entre Cristo y Satanás, dirá San Pablo (2 Corintios 6,15).

TERCERA LECTURA: CON NUESTRO TIEMPO

*** Para animarnos, a actualizar este salmo en nuestra vida, he aquí la paráfrasis vigorosa de Paul Claudel:

"Quienes han puesto su confianza en el Señor, son como la montaña de Sión: no será removido quien haya escogido a Jerusalén como morada.

"Las montañas lo rodean como un cinturón, el Señor juntó a su pueblo como una fortificación hoy y para siempre".

"El Señor no soportará que el garrote reservado para otros se levante contra los justos: no hace falta que alarguen la mano hacia lo "no permitido".

"Socorre, Señor, a los buenos y a los de intención recta".

"En cuanto a los que toman la tangente, para el Señor es lo mismo que aquellos que van decididamente. ¡Paz sobre Israel!".

La estabilidad, la seguridad. El mundo actual es profundamente cambiante e inestable. Los principios aparentemente más sólidos, los valores más firmes están minados por dentro y parecen desplomarse como si fueran sacudidos por un temblor. Sin embargo, el hombre no puede vivir sin un mínimo de seguridad. La fe misma, actualmente, toma la forma cambiante del "interrogante", del "cuestionamiento", de la incertidumbre. Sin embargo, la Fe en Dios es también y sobre todo un elemento de estabilidad inquebrantable para el hombre: feliz aquel que ha unificado su vida, cimentándola sólidamente en Dios... Es como una "montaña" bien cimentada en sus bases y que ningún cataclismo puede conmover.

La paz. Una de las mayores aspiraciones de nuestro tiempo. Paz internacional. Paz íntima. El término que significa "buenos días" en hebreo, es la palabra "Shalom" = "Paz". Aun si en el lenguaje corriente no usamos esta palabra, podemos dar a los "buenos días" este sentido: al amigo a quien saludamos, le deseamos la paz... Toda nueva relación que iniciamos con un desconocido, aspira a ser una relación pacífica y constructiva... A toda persona que encontramos le brindamos la alegría de nuestra calma y serenidad...". "Bienaventurados los artífices de la paz, serán llamados Hijos de Dios" (Mateo 5,9).

Nunca la prueba por encima de nuestras fuerzas. Fina anotación sicológica del salmo: Dios sabe muy bien que los justos pueden desfallecer a la larga, si el mal ambiente los rodea por mucho tiempo. Es difícil "aguantar" en un medio agresivamente ateo. De ahí la importancia de agruparse en pequeñas comunidades creyentes, para encontrar seguridad y realimentar la fe.

El temor de caer en la apostasía. Este salmo, lleno de certeza serena y confiada, que exalta la solidez inquebrantable de las montañas de Jerusalén, no ignora, sin embargo, el riesgo dramático de "perder la fe". Nunca más que en nuestra época, la tentación ha sido tan peligrosa. ¡Cuántos jóvenes educados en el Evangelio, se deslizan, ante el asombro de sus padres, hacia otras concepciones de la existencia! ¡Hay que vigilar! Nada está definitivamente adquirido. Somos peregrinos en camino. Aún no hemos llegado a la meta. Señor, haz que nos "mantengamos" en la fe, que "progresemos" en la fe.

La lealtad con Dios y consigo mismo. "A aquellos que trampean y obran con astucia", el salmo los pone en la picota. "Serán tratados igual que los malvados". No podemos engañar a Dios, aun si lo logramos, hipócritamente, con aquellos que viven junto a nosotros. Invitación a ser "verdad", a "reconocer el mal que existe en nosotros". Tal es el papel de la "confesión": buscar la verdad, ver claro, confesar que hemos pecado... esto es ya una gracia, presencia del Espíritu de Dios en nosotros.

Apoyarse en el Señor, permanecer en El. La seguridad no está en nosotros. Conocemos nuestra fragilidad. Pero confiamos en su amor: "Cuando soy débil, me siento fuerte".

אִם־יְהוָה לֹא־יִבְנֶה בַיִת

EL TRABAJO, CONSTRUIR...

Vigilar por la seguridad...

Sin prisa, sin preocupación excesiva,
Pues Dios es más importante que todo,
Y da generosamente a sus predilectos.

EL HOGAR
El gran tesoro, son los hijos.

PRIMERA LECTURA: CON ISRAEL

* Salmo *gradual*, o "de las Subidas". Aparece el ritmo "en escalones" característico de este tipo de salmos. Las palabras "gancho" ascienden la una sobre la otra: si el Señor... Si el Señor... En vano... En vano... En vano... Guarda... Guarda... Los hijos... Los hijos... Procedimiento "en eco" que da un encanto particular a la poesía.

Como siempre, el pensamiento es ilustrado, concreto. Los albañiles que construyen la casa. Los vigilantes que guardan la ciudad desde lo alto de las murallas. El regalo que nos llega sin esfuerzo durante el sueño. La seguridad que da al arquero en medio del combate, la provisión de flechas que lleva en su aljaba. La plaza en que se discute ardorosamente a las puertas de la ciudad. Este salmo está dedicado a Salomón, quien

SALMO 126

SI EL SEÑOR NO CONSTRUYE

Si el Señor no construye la casa,
en vano se cansan los albañiles;
si el Señor no guarda la ciudad,
en vano vigilan los centinelas.
Es inútil que madruguéis,
que veléis hasta muy tarde,
los que coméis el pan de vuestros sudores:
¡Dios lo da a sus amigos mientras duermen!

La herencia que da el Señor son los hijos;
una recompensa es el fruto de las entrañas:
son saetas en mano de un guerrero
los hijos de la juventud.
Dichoso el hombre que llena
con ellas su aljaba:
no quedará derrotado cuando litigue
con su adversario en la plaza.

construyó la Casa de Dios, el Templo. El versículo "Dios colma de bienes a su amigo mientras duerme" hace alusión al sueño de Salomón "el bien amado" (2 Samuel 12,24) de Dios, enriquecido por El, en la noche que pasó en Gabaón (1 Reyes 3,4-15). Quien confía en Dios, recibe de El la sabiduría.

Las dos últimas estrofas cantan la fecundidad del hogar y son típicas en el pensamiento bíblico, características por otra parte de las concepciones de la época: la familia numerosa era la mayor felicidad, una bendición de Dios... Para una familia de tipo tribal era también una riqueza, ya que al ser numerosos, eran también fuertes. El hombre rodeado de numerosos hijos podía afrontar más fácilmente las discusiones, al pedir justicia, "en las puertas de la ciudad".

SEGUNDA LECTURA: CON JESUS

** Las semejanzas con el Evangelio son numerosas.

Todo esfuerzo resulta vano sin Dios, decía el salmo. Y Jesús dice: "Mirad las aves del cielo, ellas no siembran ni siegan... ¿Quién de vosotros con sus preocupaciones puede añadir a su estatura un solo codo? Mirad los lirios del campo cómo crecen: no se fatigan ni hilan. Os digo que ni Salomón en toda su gloria se vistió como uno de ellos... No os preocupéis, pues" (Mateo 6,25-34). Y añadía, en el mismo sentido del salmo: "Sin Mí, nada podéis hacer" (Juan 15,5).

Y a Marta, que se agitaba en los quehaceres del hogar, Jesús dice: "Marta, Marta, te inquietas y agitas por muchas cosas; una sola es necesaria" (Lucas 10,41).

Vuelve la imagen del sueño del hombre durante el cual Dios trabaja: "El Reino de Dios es semejante a un hombre que arroja la semilla en tierra y, ya duerma, ya vele, de noche y de día, la semilla germina y crece, sin que él sepa cómo" (Marcos 4,26-29).

Jesús debió recitar este salmo 126 como una realización personal: El se confió plenamente en el Padre, para llevar a cabo su "obra". Al partir hacia el Padre, dejó aquí abajo "hombres humildes", sus apóstoles, encargados de fundar su Iglesia... Asignándoles la responsabilidad de dar un rostro concreto a esta sociedad que debía enfrentarse a los siglos. No les dijo "cómo" celebrar la Misa... "Cómo" elegir un Papa... "Cómo" administrar los sacramentos... No fijó ni el número de los sacramentos, ni la lengua litúrgica, ni las palabras del Credo... Todo aquello por lo que los cristianos han discutido y discuten aún, Jesús no lo fijó, no lo congeló: confió en el Padre y en el Espíritu Santo que inspirarían los Concilios a lo largo de los siglos. ¡No os preocupéis!, decía. Jesús, no se inquietó. Confió en los hombres. En vano nos inquietamos, dice el salmo, cuando Dios "construye la casa", cuando Dios "guarda la ciudad". Esta casa, esta ciudad es la Iglesia. ¿Por qué inquietarnos?

TERCERA LECTURA: CON NUESTRO TIEMPO

*** *"Metro - trabajo - sueño"*. Mediante estas palabras, una canción moderna interpreta la convicción del salmista. ¿Para qué matarse trabajando? ¿Para qué correr? Llevamos una vida "de paseo" dicen algunos muchachos. Quizá interpretan así el pensamiento evangélico. De unos decenios a esta parte, la sociedad occidental se lanzó a una carrera desenfrenada para "producir más y más"; comprobamos que el "trabajo" (que sigue siendo un valor) no debe convertirse en una nueva forma de esclavitud. Hay que tomar tiempo para "vivir", sencillamente. Muchos de nosotros hemos superado la cuota de alerta y somos esclavos de nuestra profesión: escuchemos; oremos de verdad con este salmo tranquilo que nos invita a disminuir el ritmo y a confiar más en Dios. Dedicar tiempo a la oración no es perder. Si el Señor no construye con nosotros, nuestras empresas son vanas, vacías... Nada, engaño. ¿Qué quedará de todo esto? ¿Breves noches, largas vigilias?". En vano... En vano... repite el sabio del salmo 126. No les servirá de nada. Se fatigan para nada. Eso no es lo esencial. "¡Buscad primero el Reino de Dios y su justicia!"

"Dios da a su bien-amado cuando duerme". Era la convicción del salmista: quien está con Dios, prospera... Quien no está con Dios, fracasa. Toda la Biblia nos repite lo mismo. Pero Job se atrevió a decir lo contrario: vio gentes que trabajaban sin Dios, y prosperaban... Gentes de gran santidad, que fracasaban humanamente... Con Job estamos tentados nosotros también de calificar como ingenuo este salmo. Pero no hemos visto aún el "fin". Construir una casa con piedra está bien. ¿Es esto lo más importante? Dar seguridad humana a una ciudad está muy bien. ¿Es esto todo para el hombre? ¿No hay una "dimensión" infinitamente más elevada en el destino del hombre? *¿No existe una "casa de eternidad"* por construir, una "ciudad de eternidad" para custodiar? *Eso es imposible "sin Dios"*. Sabemos que sin Dios nuestra vida sólo será una miserable vida y que nuestra casa será una pobre casucha frágil y nuestra seguridad una pobre y ridícula ilusión. Sigue en pie la verdad de que sólo Dios puede satisfacer plenamente al hombre.

¿Se trata de un elogio de la pereza? Sabemos que Dios *espera la cooperación del hombre*. "Llenen de agua esos cántaros" dijo Jesús en Canaán, traigan esos panes y esos peces", dijo antes de multiplicarlos. Debemos hacer siempre todo lo que está de nuestra parte. Pero "cuando se ha hecho todo como si nada se esperara de Dios, hay que esperarlo todo de El como si no hubiéramos hecho nada" (M. Blondel). Este salmo no condena el trabajo, condena la ilusión del activismo febril y pagano.

Y ante el mundo moderno, tan desconfiado de *la fecundidad de la pareja*, escuchemos también el final de este salmo 126: confiar en la vida, dar la vida... Maravillosa cooperación con la obra creadora de Dios. Una sociedad que renunciara a estos valores... en breve plazo caería en la nada. Haber dado una familia al mundo sigue siendo una bendición de Dios para nuestros padres y madres. Estoy dichoso por la vida que ellos me han dado.

רַבַּת צְרָרוּנִי

Inquebrantable confianza en Dios:

Paradoja de los fieles a Dios
— Siempre atacados...

— Jamás abatidos...

Prodigio de un pueblo de Dios
— Siempre acosado y frágil...
— Pero el Señor lo sostiene...

Oración por la destrucción del mal.

Como la hierba de los techos,
Que se seca antes de madurar... En la siega final (escatológica)

No quedará nada de ella.

Por el contrario, ¡bendición para los justos!

PRIMERA LECTURA: CON ISRAEL

* Salmo de Peregrinación, "lamentación" con ritmo elegíaco: un verso largo seguido de un verso corto, como si por efecto de la emoción, la respiración se cortara por los sollozos. Esto recuerda los coros de plañideras en las tragedias griegas. Desde su juventud, es decir, desde su esclavitud en las tierras de Egipto, Israel tiene conciencia de ser un "pequeño pueblo", siempre al borde de la destrucción y que, sin embargo, "no es sometido"... Consciente de que Dios lo protege. Este es un salmo de esperanza que brota del fondo de los sufrimientos y los fracasos momentáneos.

Desde el punto de vista literario, observemos la belleza de las imágenes. Los azotes de los capataces que surcan la espalda de los esclavos... La atalaya destruida por los vencedores que hacen pasar las rastras de trillar el trigo sobre los vencidos encadenados sobre el suelo... El ridícu-

SALMO 128

NO ME SOMETIERON

¡Cuánta guerra me han hecho desde mi juventud
—que lo diga Israel—,
cuánta guerra me han hecho desde mi juventud,
pero no pudieron conmigo!

Sobre mis espaldas metieron el arado
y alargaron los surcos.
Pero el Señor, que es justo,
rompió las coyundas de los malvados.

Retrocedan, avergonzados,
los que odian a Sión;
sean como la hierba del tejado,
que se seca y nadie la siega;

que no llena la mano del segador
ni la brazada del que agavilla;
ni le dicen los que pasan:
"Que el Señor te bendiga".

Os bendecimos en el nombre del Señor.

lo manojo de hierba que crece sobre el techo y que se seca con el primer viento cálido... Al contrario, la pesada gavilla de espigas de los segadores, que entran a la ciudad, bajo las aclamaciones alegres de sus hermanos...

A lo mejor, nos impresiona la imprecación contra los impíos que aparece en éste y muchos otros salmos. Para Israel, el mundo es un lugar de combate: de un lado, está el "justo", el amigo de Dios, el fiel ("Hassid")... Del otro, el "malvado", el impío, el hombre perverso, el enemigo de Dios... André Chouraqui señala 120 palabras diferentes para llamar al "adversario": el réprobo, el mentiroso, el traidor, el pérfido, el vividor, el orgulloso, el rencoroso, el jactancioso, el burlón, el impío, el pecador, el insensato, el destructor, el blasfemo, el malhechor..., etc. Contra todos ellos, los salmos no dudan un solo momento en proferir "imprecaciones cultuales": ¡qué desaparezcan estos enemigos de Dios... y de nosotros! Esta clasificación dualista nos parece simplista. Sabemos que la frontera entre el "bien" y el "mal" no pasa entre nosotros y los demás, sino a través de nuestro propio corazón. Sin embargo, no hay que olvidar el gran combate, que se libra en la historia del mundo y en nuestra propia historia. Las violencias, las opresiones, las rebeliones, las injusticias de toda clase están aquí para recordarnos que no podemos "someternos", sino combatir. Si lo olvidamos, los salmos imprecatorios nos despertarán de la desidia, para librar el combate de cada día.

SEGUNDA LECTURA: CON JESUS

** En su Pasión dolorosa, Jesús sufrió por los pecados de los hombres. Al ser flagelado, sufrió la laceración de los azotes, que abrieron surcos de sangre en su espalda.

Sin embargo, Jesús, como el creyente del salmo, mantuvo una paciencia y una esperanza invencibles: sabía que el pecado y la muerte, enemigos de su Padre, serían vencidos.

A menudo Jesús usó la imagen bíblica de la "siega escatológica" para afirmar que Dios tendría la última palabra en el combate contra el mal. Su visión del problema del mal era optimista. Sugirió "esperar la siega para separar la cizaña, mala hierba, de las espigas llenas de buen grano" (Mateo 13,30). En la parábola del sembrador, Jesús no se desespera por los fracasos parciales que parecen destruir su trabajo de "sembrador de la palabra de Dios" (Mateo 13,1-23), pues sabe que el trigo madurará felizmente para la cosecha. Se presentó como el "segador del Padre", que observó la falta de obreros para el campo en que Dios siembra y cosecha (Juan 4,35-38 - Mateo 9,37).

TERCERA LECTURA: CON NUESTRO TIEMPO

*** *Líbranos del mal, no nos dejes caer en tentación.* La oración de Jesús, como la de este salmo, nos remiten a las diarias luchas contra el mal. Es necesario orar, pero también es necesario luchar en todos los campos. ¿De qué sirve decir: "Señor, cuántas injusticias, cuántos actos de violencia, cuántos pecados, en este mundo"... Si nos quedamos con los brazos cruzados, mano sobre mano, sin mover un solo pie?

¡Cuánto mal me han hecho! Esta no es una queja del pasado. Este grito sube hoy desde nuestro planeta. La *Amnesty International* trata de sensibilizar a los hombres de todo el mundo en los numerosos casos de prisioneros, de torturados, que desaparecen en el fondo de los "Gulags", en prisiones de toda especie. Orar con el salmo 128, en nuestros días, es recitarlo en nombre de todos aquellos que padecen injusticias, que no quieren saber nada de la oración, porque el exceso de su abatimiento los ha llevado a volverse contra Dios... Olvidando justamente

que Dios está de su parte. Y nosotros, ¿qué imagen damos de Dios? ¿Estamos de parte de los oprimidos? ¿Qué hacemos para ayudarlos? ¿Estamos con el Dios que "rompe los yugos"?

Paciencia, esperanza, tenacidad: "¡No me han sometido!". ¡Qué hermosa es esta fórmula altiva de un pueblo que se levanta de la adversidad, sin dejarse abatir por ella! La historia de Israel es una larga secuencia de vejaciones y tormentos. Humanamente es prodigioso que este pequeño pueblo haya podido subsistir en medio de poderosos enemigos del sur, del este y del norte. Siempre asediado, jamás destruido. La Iglesia, nuevo pueblo de Dios, junto a períodos "triunfalistas", como se dice hoy, ha vivido también períodos sombríos. En numerosos países es actualmente perseguida o despreciada. Jesús ya lo había anunciado... "Os perseguirán por causa de mi nombre... Bienaventurados los perseguidos por la justicia... (Lucas 21,12 - Mateo 5,10).

En nuestra vida personal o familiar, podemos también atravesar períodos sombríos en que todo parece estar contra nosotros: aprendamos la lección de Israel, no nos dejemos abatir. Digamos de corazón este salmo.

Confianza en Dios, a pesar de todas las apariencias contrarias. ¡Qué hermoso es creer en la luz cuando es de noche! En el colmo del sufrimiento y de la crisis, surge la esperanza. Jesús dio la máxima prueba de confianza en su Padre justamente en el momento de su muerte. Cuando todo parecía derrumbarse, murmura: "todo está consumado". Su muerte no es el absurdo accidente que troncha la vida de un joven de 30 años, es el triunfo admirable de un Dios que ama hasta el final. Jesús sabe que al morir no cae en la nada, sino en los brazos del Padre. Tal es el fundamento de la esperanza cristiana. Cuando todo parece terminado, todo comienza.

Para lograr esta paz, hay que renunciar a la vana pretensión del hombre, de creerse fin de sí mismo. El hombre sólo tiene su fin en Dios... O mejor, su verdadero comienzo.

La cosecha. En nuestros campos resuenan los motores de las segadoras, trilladoras y demás máquinas agrícolas. Cada día más, las máquinas invaden el campo del trabajo manual del agricultor. Hemos perdido la fantástica fiesta que eran las cosechas de antaño. Los que las vivimos no tuvimos tiempo para soñar ante un campo de trigo dorado, un maizal ondulado por el viento, un cultivo cualquiera listo para la cosecha: todos un símbolo del fin de los tiempos... La belleza y alegría de la cosecha, pasados los riesgos de la siembra y las intemperies de los malos tiempos. De la misma manera, Dios siembra, Dios trabaja, Dios espera que madure su obra. El sabe que cosechará. Dios quiso entrar en el tiempo. Se arriesgó a todos los azares de pobres semillas. Nuestra libertad puede oponerse... Pero es necesario creer en la cosecha.

מִמַּעֲמַקִּים קְרָאתִיךָ

			Señor
Invoco	Mi llamado		Señor
Grito	Mi oración		
		"Faltas"	
			Señor
		PERDON	
Espero			Señor
Espero	Aguardo		
	Aguarda	Acecha	Señor
"Israel"	Espera		Señor
		AMOR	
		REDENCION	Señor
"Israel"		REDENCION	
		"FALTAS"	

PRIMERA LECTURA: CON ISRAEL

* Este salmo de "Súplica" era utilizado por Israel en las ceremonias penitenciales comunitarias, particularmente en la fiesta de las Expiaciones: antes de renovar la Alianza, se ofrecían "sacrificios de expiación" en reparación por los pecados.

Lo que llama la atención es que el "grito" del pecador no tiene por objeto confesar su pecado en forma circunstanciada y detallada: no se sabe de "qué" pecado se trata. Este salmo es ante todo un "grito de esperanza", "el más hermoso canto de esperanza que jamás haya salido quizá del corazón del hombre" (M. Mannati).

SALMO 129

JUNTO AL SEÑOR, ABUNDA LA REDENCION

Desde lo hondo a ti grito, Señor;
Señor, escucha mi voz;
estén tus oídos atentos
a la voz de mi súplica.

Si llevas cuenta de los delitos, Señor,
¿quién podrá resistir?
Pero de ti procede el perdón,
y así infundes respeto.
Mi alma espera en el Señor,
espera en su palabra;
mi alma aguarda al Señor,
más que el centinela la aurora.

Aguarde Israel al Señor,
como el centinela la aurora;
porque del Señor viene la misericordia,
la redención copiosa;
y él redimirá a Israel
de todos sus delitos.

El plan de este poema relieva la sutil dialéctica del diálogo interior. Es un "movimiento" del alma, que va alternativamente del hombre a Dios, luego vuelve al hombre y pasa enseguida, nuevamente a Dios:

Primera estrofa: disposiciones del "que ora"... Grito; escucha mi clamor...

Segunda estrofa: disposiciones de "Dios"... Tú eres grande... cerca de Ti, el perdón...

Las dos líneas centrales, que indican el núcleo del tema, la esperanza, la espera...

Tercera estrofa: disposiciones del "que ora"... Aguardo, acecho, espero...

Cuarta estrofa: disposiciones de "Dios"... Tú eres bueno... Cerca de Ti, el amor.

Este salmo hacía parte de los salmos de Subida o salmos graduales. Para admirar el estilo "en eco", con la repetición de palabras, que parecen avanzar en una especie de peregrinación: Señor (8 veces), aguardar (3 veces), esperar, acechar (2 veces), y luego el "grito", "el llamado", "la oración" (4 veces), y al comienzo y al final "la falta"... Finalmente, se nombra dos veces a Israel, el pueblo escogido.

Una observación más, que no es puramente estilística: el paso del "yo" al "nosotros" en las dos últimas estrofas. En persona de "un" pecador está todo "Israel" pecador: dimensión colectiva y comunitaria del perdón.

SEGUNDA LECTURA: CON JESUS

** El Evangelio está lleno de este "perdón" de Dios, cuya espera se expresaba ya en este salmo 129. Hay una profunda armonía entre el pensamiento del salmista y el pensamiento de Jesús: Dios no es este justiciero inexorable que los hombres han imaginado a veces, con aparente buena intención de salvaguardar la "justicia" o la "santidad" de Dios. La grandeza de Dios es perdonar. La omnipotencia de Dios es el amor. Cuando el salmo dice que "cerca de Dios está el perdón"... "Cerca de Dios está el amor"... Se trata de dos fórmulas hebraicas que significan que el perdón y el amor hacen parte del "ser mismo de Dios". Jesús lo repitió de mil maneras en las inolvidables parábolas de la misericordia que llenan el capítulo 15 de San Lucas: la oveja perdida y encontrada, la dracma perdida y encontrada, el hijo perdido y encontrado. Junto a éstas "la pecadora perdonada" (Lucas 7,36-50), el "paralítico perdonado" (Lucas 5,17-26), la "higuera estéril perdonada" (Lucas 13,6-9), el "rico opresor Zaqueo, perdonado" (Lucas 19,1-10), los "verdugos perdonados" (Lucas 23,34), el "ladrón perdonado" (Lucas 23,43). Pero Jesús no solamente "repitió" este salmo de perdón sino que lo encarnó en su propia persona: Jesús fue el "grito" del pecador, "la esperanza" del pecador, la "redención" del pecador. Cuando Jesús cantaba este salmo, cuando en las celebraciones penitenciales de la sinagoga en su pueblo, o en las fiestas de Peregrinación, escuchaba a sus vecinos gritar su arrepentimiento ("de lo profundo te invoco, Señor..."), debió comulgar profundamente con esta humanidad pecadora que lo rodeaba, diciendo de lo profundo de su corazón: sí, Dios os espera... Yo vengo en nombre de Dios que os ama, a redimiros de vuestros pecados... Yo daré mi vida en la cruz "por la remisión de los pecados". ¿Piadosa imaginación? La víspera de su muerte, Jesús en la Cena, ofreció explícitamente su muerte por esta intención: "He aquí la sangre de la Alianza, derramada por muchos para el perdón de los pecados" (Mateo 26,28).

TERCERA LECTURA: CON NUESTRO TIEMPO

*** *Hay que gritarle al mundo: Dios es Amor, Dios ama a todos los hombres.* El mundo de hoy, lleno de espíritus ateos y agnósticos, es un mundo "huérfano". En un mundo "sin Dios", el mal ya no tiene sentido, se convierte en "fatalidad" implacable contra la cual una sola actitud es posible: la rebelión. Pero seamos claros, esta rebelión es radicalmente estéril, ya que el "mal" de la muerte lo superará. La ola de incredulidad del mundo occidental corresponde al "malestar existencial", a una profunda desesperación, a un frenesí de gozo inmediato (¿no es esto también un embrutecimiento estéril?) el condenado a muerte "se divierte" como puede, para no pensar en el fatal desenlace.

Para el creyente, al contrario, el "grito" del hombre tiene una respuesta... El mal no es fatal... La muerte no es el último acto... El pecado no es una situación "sin salida". Cuando el hombre está en el fondo del abismo, se siente solo, abandonado, condenado a quedarse en su "hoya". Ahora bien, justamente al fondo de este abismo viene a buscarnos el amor de Jesús. Desde la profundidad, de la cual pedimos socorro... hay una salida, vertical, por la cruz de quien nos ama. No, el grito del hombre que sufre, no cae en un cielo "vacío", como dicen los ateos... Yo sé que mi Salvador está vivo, que está junto a mí cuando toco el fondo del abismo, que escucha mi llamado y que su oído está atento... Hay que repetirlo: el único "porvenir" posible para el hombre no está en un hombre-cerrado-sobre-sí-mismo, sino en un hombre-abierto-sobre-la-trascendencia. Si Dios "no existe", sólo queda una cosa segura: tampoco "existe" el hombre.

Como un vigilante que ansía la aurora. ¡He ahí el creyente! ¡Un vigilante! En este mundo que duerme pensando que la noche es definitiva, El, despierto, espera el despuntar de la aurora. El oficio del "vigilante nocturno" es muy evocador. Mientras la caravana duerme en el desierto, una persona vigila, un centinela protege el campamento. No es extraño ser "centinela" en plena guerra rodeado de enemigos: soledad, frío, tinieblas, ruidos sospechosos, riesgo de dormirse, de tensión nerviosa ante el enemigo que ronda. Los minutos son largos, la noche se hace interminable. Pero el centinela "sabe" que la aurora vendrá ciertamente. ¡Con qué impaciencia, el vigilante, acecha los primeros rayos, los primeros signos de la aurora! Ahora bien, lo que espera el creyente, es Dios. "Mi alma espera al Señor más que un centinela a la aurora". Jamás se dio una mejor definición de la esperanza. La dilación de la noche es temporal. Pero la humanidad camina hacia el mañana.

Solidarios, todos pecadores, todos salvados. Pasemos del "yo" al "nosotros" y oremos con este salmo no solamente por nuestros pecados individuales o nuestra muerte individual... sino en nombre de todos.

יְהוָה לֹא־גָבַהּ לִבִּי

Humildad.... Nada de orgullo.... Ni en el corazón
Ni en los ojos,
ni en los actos.

Una imagen: el pequeño bebé en brazos de su madre.

Confianza, abandono filial, en Dios
Que nos ama como una mamá.

PRIMERA LECTURA: CON ISRAEL

* Este es un salmo de Peregrinación, o salmo Gradual. Se cantaba este salmo, para expresar esta especie de hartura que se apoderaba del peregrino cuando, después de las ceremonias bulliciosas, se encuentra sólo ante Dios, en el silencio. Al subir a Jerusalén, los judíos no podían menos de experimentar la nostalgia y el pesar de los fastos reales de antaño: el prestigioso pasado de tiempos de David y Salomón. Pidiendo la "paz para Jerusalén", alimentaban en su corazón, los sueños de dominación temporal. ¿No se veía acaso al Mesías, como una restauración de la monarquía Davídica?

Aquí escuchamos a un Israel tranquilo, que renuncia a toda esperanza de grandeza política y se contenta con ser el pueblo "amado" de Dios. Llega a renunciar hasta las "maravillas" del tiempo del Exodo hechas en su favor. Está feliz únicamente con ser un "niño" amado.

SALMO 130

COMO UN NIÑO PEQUEÑO

Señor, mi corazón no es ambicioso,
ni mis ojos altaneros;
no pretendo grandezas
que superan mi capacidad;
sino que acallo y modero mis deseos,
como un niño en brazos de su madre.

Espere Israel en el Señor
ahora y por siempre.

SEGUNDA LECTURA: CON JESUS

** El misterio de Navidad nos ha familiarizado con el "icono" de la madre y el niño.

Nunca contemplaremos bastante esta imagen. Por más que sea familiar, cotidiana, universal, nunca es banal, bajo cualquier cielo, en todas las razas, entre ricos y entre pobres. Un niño en brazos de su madre puede parecer muy natural, ordinario, quizá profano. Ahora bien, desde que el Hijo de Dios en persona se abandonó en brazos de María, esta humilde realidad tomó un carácter sagrado: una revelación de Dios se oculta en este icono.

Más tarde, Jesús explicó esta revelación, presentándonos a Dios como un "Padre", como una "madre": "no os inquietéis... buscad primero el Reino de Dios, y todo lo demás se os dará por añadidura... Vuestro Padre se ha complacido en daros el Reino..." (Lucas 12,22-32).

Recordemos que Jesús recomendó a los adultos como nosotros, entregarse al amor de Dios como niños: "Si no os hacéis como este niño, no entraréis en el Reino de los cielos" (Mateo 18,3).

TERCERA LECTURA: CON NUESTRO TIEMPO

*** *La paz, la calma, el silencio.* Nuestro mundo actual es un mundo de violencia, de ruido, de velocidad acelerada. Y por contraste quizá, muchos hombres aspiran a la tranquilidad.

La primera estrofa de este salmo, que expresa la paz deseada, nos invita a ser realistas. La paz es una especie de conquista. La tranquilidad del alma se construye por el rechazo de la agitación. Hay que renunciar al "corazón soberbio", a la "mirada ambiciosa", a las "grandes proezas". Hay que renunciar a las preocupaciones excesivas, a los deseos perturbadores. Pero la "paz de Dios" no nace de una vida sin preocupaciones ni dificultades. Nace sobre todo de situaciones destructoras. He tenido una gran decepción. Un fracaso, una pérdida, una enfermedad, un duelo. La amargura nos invade en ciertos momentos. Todo esto nos puede rebelar internamente y destruir nuestra paz. Del fondo mismo de estas situaciones debe surgir la paz que viene de lo alto.

La oración en "silencio". La tercera carta del Concilio de jóvenes de Taizé nos dirige este mensaje: "Quienes han optado por Cristo, saben que la fuente en que se abrevan los hará vivir peligrosamente: "Quien quiere salvar su vida la perderá" (Marcos 8,34). Para Cristo es todo o nada.

"La oración nunca es asunto de la sola inteligencia. En ella debe participar el hombre total. Orar con la frente contra el suelo, es unirse a la postración milenaria del hombre, para expresar la intención de ofrecerse en cuerpo y alma, totalmente.

"En cada casa, un "rincón" reservado, muy pequeño, lleva a la oración. Igualmente, es importante reservar en las iglesias un espacio a manera de oasis de oración.

"Dios no se convence con abundancia de palabras. Permaneciendo largos ratos en "silencio", en los que aparentemente no pasa nada, pero en los cuales el ser se construye interiormente, realizamos las últimas oraciones de Jesús..." (Mateo 27, 45-54 - Lucas 23,33-49).

Lo que estos jóvenes descubrieron y recomiendan es justamente lo que el salmo 130 ya cantó: "Controlar y silenciar el alma".

¿Tenemos en casa un "rincón de oración"? ¿Tomamos una "postura de oración" y permanecemos, en paz, ante Dios?

La infancia. Tema privilegiado de la literatura de todos los tiempos y especialmente del nuestro. Sencillez, ingenuidad, inocencia del niño. Pero sobre todo esta actitud tan característica, instintiva, del niño que se acurruca contra la madre, cuando un peligro real o imaginario se insinúa en el horizonte. Sabe que allí estará defendido, protegido, seguro.

El sicoanálisis ha analizado maravillosamente esta "vuelta al seno materno", lugar cálido, vital, nutricio. Chouraqui repite gustoso que para Israel, Dios es como una inmensa matriz que da origen a toda forma de vida. ¿Por qué no recitamos este salmo, tomándolo a la letra, imaginándonos, un niño, un bebé acurrucado contra su madre..."? Realmente, estamos siempre "en el regazo de Dios".

Una mamá que mece a su hijito en brazos. Las obligaciones familiares nos hablan de Dios. Aun los gestos maternales de los animales nos hablan de Dios.

Toda madre, que en cualquier parte del mundo se esfuerza por brindar felicidad a los suyos, que se entrega a sus seres queridos, que no puede ver un dolor sin sentir deseo de consolar, que realiza las jornadas diarias de servicio a los demás... está haciendo lo que Dios no cesa de hacer. Estas tareas cotidianas pueden convertirse en lugar privilegiado de comunión con Dios.

No desear nada, fuera de Dios. La lección que nos da un niño en brazos de su madre, es justamente la de no desear "nada": ¡él está bien!

El oriental budista nos enseña a controlar nuestros deseos. A veces se tiene en menos esta actitud, que permite vivir a millones de seres humanos hambrientos, que sin embargo muestran su superioridad sobre nosotros los occidentales, como hombres de paz y serenidad. Muchos de nuestros sufrimientos provienen de deseos insatisfechos. Lograríamos quizá la paz del corazón mediante el dominio y restricción de deseos inútiles.

הִנֵּה מַה־טּוֹב שֶׁבֶת אַחִים

La amistad, la fraternidad...

Es suave como un perfume...

Bienhechora como el rocío...

Un "don" de Dios...
Que hace "vivir"...

PRIMERA LECTURA: CON ISRAEL

* He aquí un salmo que canta a "la amistad". Una vez más, verifiquemos hasta qué punto los salmos están marcados por la cultura de Israel y por lo mismo, necesitan de una "explicación". Quien topa sin apertura de espíritu, sin amplitud de miras que da el encuentro con civilizaciones diferentes a la nuestra, con esta "barba de Aarón"... puede irritarse, quizá sonreír y decir: ¿cómo quieren que rece con estos salmos, rezagos de épocas pasadas? Pues bien, este salmo fue escrito en un universo cultural muy distinto al nuestro... En el oriente, donde aún hoy día, los perfumes tienen gran importancia... Civilizaciones en las cuales los "patriarcas" con sus largas barbas blancas son venerados como sabios y respetados a causa de su edad. Este salmo nos viene del pueblo de Israel, con una historia tan rica, que jamás cesa de "recordar": Aarón era el hermano de Moisés, el libertador... El primer "gran-sacerdote" de este pueblo sacerdotal. "He aquí lo que has de hacer para consagrar a los sacerdotes a mi servicio. Harás avanzar a Aarón y a sus hijos a la entrada del Tabernáculo de la reunión y les lavarás con agua. Después, tomando las vestiduras, viste a Aarón la túnica, la sobretúnica, el efod y el

SALMO 132

CONVIVIR, ESTAR UNIDOS

Ved qué paz y qué alegría,
convivir los hermanos unidos.

Es ungüento precioso en la cabeza,
que va bajando por la barba,
que baja por la barba de Aarón,
hasta la franja de su ornamento.

Es rocío del Hermón, que va bajando
sobre el monte Sión.
Porque allí manda el Señor la bendición:
la vida para siempre.

pectoral... Pon sobre su cabeza la tiara y en la tiara la insignia de la santidad. Luego toma el Aceite de la unción, derrámalo sobre su cabeza y le unges... Luego, harás un altar, para quemar en él el perfume..." (Exodo 29, 1-4-7-30,-1). La geografía y la meteorología de este salmo, son las de Palestina: el Hermón es la montaña del norte, región de abundantes aguas, que "posibilitan la vida" en el resto del país mediante los ríos que fluyen de ella... Sión es la montaña sobre la cual está construida Jerusalén, la capital: "Allí...". Yahveh, el Señor, habita en su Templo, único en el mundo. El rocío hay que mirarlo también en este contexto del oriente; en los veranos cálidos, los rocíos abundantes (de origen misterioso para los antiguos que no comprendían de dónde podían venir) son realmente un principio de fecundidad y de belleza. Sin embargo, si este salmo se sitúa perfectamente en la cultura de Israel... sin ignorar las precisiones hechas más arriba... sería una pena, por estrechez de espíritu, renunciar a su significado universal: ninguna civilización ignora a su manera el lenguaje de los "perfumes", la suavidad penetrante del "aceite" que da flexibilidad, ni la frescura bienhechora del "rocío" que descubrimos por la mañana, pasada la noche... Ciertamente truncaríamos la oración, al quitarle su halo de poesía.

SEGUNDA LECTURA: CON JESUS

** Pronunciamos la palabra Cristo, sin cesar. Nos llamamos cristianos. Recordemos que la palabra... "Christos", en griego significa precisamente "el ungido", el que ha recibido una "unción". Esta es la primera revelación de Jesús en la sinagoga de Nazareth. "El Espíritu del Señor está sobre Mí porque me ha ungido para anunciar la Buena Nueva a los pobres" (Lucas 4,18). Hoy se ha cumplido esta escritura" (Lucas 4,21). Los "cristianos" hemos sido "consagrados": en nuestro Bautismo nuestro ser fue marcado por el perfume precioso del Santo Crisma, con esta fórmula que hizo de nosotros sacerdotes-profetas-reyes: "por el Bautismo, el Dios Todopoderoso, Padre de Nuestro Señor Jesucristo, te ha liberado del pecado y te ha hecho renacer del agua y del Espíritu. Tú que ahora haces parte de su pueblo, eres marcado con el santo óleo, para que permanezcas eternamente miembro de Jesucristo, sacerdote, profeta y Rey. Amén". La "fraternidad", cantada en este salmo, fue esencial en el pensamiento y la acción de Jesús. La extensión de la fraternidad, para Jesús, era el universo entero: "Todos sois hermanos" (Mateo 23,28). La exigencia de la fraternidad va hasta el perdón: "si tu hermano hace algo contra ti, perdónalo" (Mateo 18,15). La fraternidad supone la benevolencia: ¿"por qué miras la pajita en el ojo de tu hermano?" (Mateo 7,3). Esta fraternidad se apoya en la paternidad de Dios: "Quien hace la voluntad del Padre es para Mí un hermano" (Mateo 12,50). Esta fraternidad oculta el misterio de una "presencia invisible": "lo que hicísteis con el más pequeño de mis hermanos, conmigo lo hicísteis" (Mateo 25,40). Pero Jesús es muy realista. Sabe que la fraternidad es algo que se construye y se reconstruye sin cesar, de ahí el tema de la "reconciliación": "ve primero a reconciliarte con tu hermano" (Mateo 5,24). No podemos resignarnos a "dejar caído" al hermano. Somos responsbles de nuestros hermanos, dice Jesús: "si tu hermano ha pecado, háblale aparte y muéstrale su falta. Si te escucha, habrás ganado a tu hermano" (Mateo 18, 15). Esta vida común y fraternal fue lo que más a pecho tuvo Jesucristo, fue "su mandamiento". Es el misterio de la Iglesia reunida cada domingo, el de las reuniones semanales de los cristianos que creen que Jesús está presente entre ellos: "si dos o tres se reúnen en mi nombre, Yo estoy allí, en medio de ellos" (Mateo 18,20). Un bello *Tropaire* (cantos basados en el Evangelio) canta esto: "cuando un hombre consigue un hermano, el cielo se hace sobre la tierra. Cuando dos o tres se unen sobre la tierra, para implorar al Padre, el cielo los circunda y se despliega sobre su súplica..." ¡Con qué fervor debió recitar Jesús este salmo! Sería una lástima que dejáramos de orar con este salmo, simplemente porque contiene imágenes que suponen, es cierto, un poco de información cultural y de apertura a las costumbres de "hermanos" lejanos.

TERCERA LECTURA: CON NUESTRO TIEMPO

*** *¡Amistad, amistad, libertad, por vosotras el universo será más bello!* Esta canción tarareada por millones de jóvenes por los caminos, aún no ha caído en desuso. La amistad toma formas nuevas, pero es inmortal. Hoy se habla de compañeros. Los grupos de jóvenes son más amigables que antes. Los *jeans* son una de sus características. Tienen los mismos gustos. Se dice que el mundo de hoy, es duro, violento y anónimo: pero en su interior se advierte una nueva necesidad de ternura. Este salmo 132 no ha perdido su sabor juvenil: ¡qué bueno y agradable es vivir juntos y unidos!"

El lenguaje de los perfumes... Lenguaje del amor. Decimos que hemos dejado de lado los viejos mitos y las reacciones instintivas irracionales. Sin embargo somos sensibles aun a todos los arquetipos profundos, que nos quedan de nuestra antigua comunión con el mundo animal. Vivimos como si no tuviéramos olfato, sentido tan importante para nuestros hermanos los animales... Como si "estas cosas" fueran indignas del hombre. ¿Ahora bien, por qué ofrecemos un frasco de perfume? ¿Por qué nos perfumamos? ¿Por qué damos a la persona amada lo que "huele bien"? En Oriente, la hospitalidad comienza siempre con un gesto muy simpático. Jesús reprochó al fariseo Simón de no haberle perfumado la cabeza a su llegada y felicitó a María Magdalena por haberlo hecho. En Turquía, cuando el turista sube al carro que lo transportará, el conductor, antes de arrancar, con gran sonrisa, hecha un poco de fresca agua de colonia en sus manos para suavizar las molestias del sol tórrido y del sudor. Esto hace bien. Dime: ¿por qué... "lo importante es la rosa"?

El rocío de la mañana... Tú no lo conocerás, hombre de la ciudad, a menos que salgas de tu casa de hormigón... Un campesinito dormita en cada gamín que duerme en los andenes. Basta llevar a un niño al campo para que se reanime y se equilibre. Tomemos una diapositiva en colores de una gota de rocío que yace en un pétalo de rosa, mostrémosla a nuestros amigos, desprevenidos: observemos su reacción. Caminemos de madrugada con los pies descalzos sobre el prado. Placeres sencillos, que nunca habíamos experimentado, pero que están allí. Nunca como hoy se ha vuelto a la naturaleza. ¿Por qué?

Que sea una "reunión de hermanos" la asamblea eucarística. En otro tiempo, la parroquia era eso. Leemos en los "Hechos de los Apóstoles" que los primeros cristianos "eran una sola alma y un solo corazón". El Concilio restableció el gesto litúrgico que en San Pablo se llama el "Osculo santo" (Romanos 16,16). ¿Un sueño? ¿Una ingenuidad? Una necesidad para el mundo, si quiere "vivir"...

הִנֵּה בָּרְכוּ אֶת־יְהוָה

Bendecid *Al Señor...*

SERVID *Al Señor...*

VELAD...

ALZAD LAS MANOS...

Bendecid *Al Señor...*

...Que bendiga *El Señor...*

PRIMERA LECTURA: CON ISRAEL

* Este salmo 133, es el último de los 15 Salmos de las Subidas o "Salmos de Peregrinación". Al caer la noche, después de la última "fiesta nocturna", los peregrinos abandonarán Jerusalén. Han vivido días privilegiados en "La Casa" de Dios, el Templo. Al partir, con gran nostalgia, se despiden de los "servidores" de la "Casa" del Señor, los sacerdotes y levitas, personas que tienen la felicidad de quedarse, de "permanecer" en esta Casa y continuar "alabando" al Señor. ¡Felices los ministros que pasan la noche en el Templo montando guardia!

Como en todos los "Salmos graduales", sentimos en éste el ritmo de las palabras repetidas: la palabra "Yahveh", nombre propio de Dios traducido por "el Señor", se pronuncia aquí amorosamente cinco veces en ocho líneas, sugiriendo que uno no se cansa de repetir el Nombre de Aquel que se ama, al momento de partir. La palabra "bendecir" se repite tres veces: esta palabra da todo el sentido a este breve poema... "¡Bendecid! ¡Alabad! ¡Dad Gracias!". Tres palabras más, amplían el mismo tema, para indicar las actitudes concretas de quienes aman a Dios: Servid... Vigilad... Suplicad, alzad las manos...". En todas las civilizaciones, especialmente en países cálidos, existen "fiestas noctur-

SALMO 133

POR LAS NOCHES

Y ahora bendecid al Señor
los siervos del Señor,
los que pasáis la noche
en la casa del Señor:

Levantad las manos hacia el santuario,
y bendecid al Señor.

El Señor te bendiga desde Sión:
el que hizo cielo y tierra.

nas". En Israel, como en todos los países mediterráneos, al caer la tarde, el ambiente es agradable y la frescura aumenta con la entrada de la noche. El "cielo" estrellado (siempre presente sobre nuestras cabezas, aun de día) se hace más presente, por así decirlo. Los habitantes de la ciudad, con sus lámparas artificiales y sus neones ofuscantes, no experimentan casi nunca la "presencia" de innumerables astros que están sobre su cabeza, en todo momento... casi siempre invisible, pero que aparece silenciosa a quienes alzan la cabeza "durante las noches". La noche, con su silencio y recogimiento es especialmente favorable para la oración. No por nada se ha escogido este salmo, en el Oficio divino, para el rezo de Completas... Ultima oración antes de acostarse.

SEGUNDA LECTURA: CON JESUS

** El perfecto "Servidor" de Dios es Jesús, pues El pasó noches enteras orando al Padre. "Pasó toda la noche sobre la montaña, orando a Dios". (Lucas 6,12 - Mateo 5,1 - Marcos 3,13). Los peregrinos de Jerusalén invitaban a los sacerdotes a no cesar nunca en la alabanza. No sabían que una incesante oración perdura día y noche ante el Padre: Es Jesús, "siempre vivo para interceder en favor vuestro". (Hebreos 7,25).

En este momento Jesús ora por mí... Ora por el mundo. Aunque yo no piense en El, Jesús piensa sin cesar en mí. Cuando duermo por la noche, El vigila. Mi amor es intermitente, pasajero... El suyo es continuo, vigilante...

Jesús invitó insistentemente a sus amigos a estar siempre vigilantes. "Vigilad, porque no sabéis ni el día ni la hora" (Mateo 24,42 - 25,13). "Permaneced aquí y velad conmigo" (Marcos 14,34 - Juan 12,27). "Lo que os he dicho, os lo repito: ¡velad!" (Marcos 13,37). "Velad y orad para no caer en tentación" (Mateo 26,41). "Velad y orad sin cesar" (Lucas 21,36). Es el tema evangélico de la "lámpara encendida" Del "regreso por la noche". El esposo viene "de noche", el Señor viene "por la noche", el ladrón sorprende "por la noche". ¿Estaremos listos aquel día, aquella noche? ¿Hoy, estamos listos? ¡Haz que estemos velando, Señor, hasta que vuelvas!

¿Pero vigilantes "para qué"? Para el servicio. Para amar. Como el de la vigilia el tema del "servidor" es constante en el pensamiento de Jesús. Jesús presenta a Dios como el Señor que "confía sus bienes a sus servidores" (Mateo 25,14). Y que hace "entrar en el gozo". La cualidad de un buen servidor es ser "fiel" (Mateo 25,21). Pero Jesús nos invita también a hacernos servidores unos de otros (Mateo 20,26 - Marcos 9,35).

TERCERA LECTURA: CON NUESTRO TIEMPO

*** *¡Vosotros todos, bendecid al Señor, decid gracias al Señor!* Los cristianos de hoy descubren la oración de "alabanza", la oración "gratuita". Confesémoslo, nuestra oración espontánea es "Señor, danos..." más que "Bendito seas, Señor...". Con mayor frecuencia somos ante Dios "pedigüeños", aceptemos, pues, la sugerencia de este salmo, que nos invita a "bendecir a Dios", a agradecerle, a alzar las manos hacia El no solamente para recibir, sino para alabar, ofrecer, exultar... Como las manos que se tienden alegremente hacia "aquel que uno ama", hacia "aquella que uno ama"...

Amar, es "servir". La palabra "amar" es la más ambigua de todas. Significa a la vez "amarse a sí mismo", o sea el egoísmo... Y "amar al otro", o sea el verdadero amor. Se dice "me gustan los cigarrillos"... En realidad no se "los" ama, puesto que se los destruye en provecho personal, mediante ellos nos amamos a nosotros mismos. La madre dice también: "amo a mis hijos"... La palabra, en esta frase, no tiene el mismo sentido, puesto que la madre es capaz de "sacrificarse" por aquellos que ama de verdad. La palabra "amar" sigue siendo pues ambigua: una mamá puede amar a su hijo para sí, "igual que a uno le gustan los cigarrillos"... Un novio puede amar a su novia para sí "como a uno le gustan los cigarrillos", ¡qué desgracia! Una esposa puede amar a su esposo para sí... Un profesional puede amar sus clientes para sí... Un militante puede amar su compromiso para sí... Todos nuestros amores, nuestros compromisos deben ser constantemente revisados, rectificados. Difícilmente llegamos al amor puro, o sea, al amor al otro. "No hay mayor amor que dar la vida por aquel que uno ama" decía Jesús, para indicar el sentido de su sacrificio. Cada "Misa" lo recuerda y lo renueva. Tenemos un "test" que nos permite verificar la "calidad" de nuestros amores, de nuestros trabajos, de nuestros compromisos: ¿Somos "servidores"? " ¿"Servimos a quienes pretendemos amar? ¡Qué bella imagen la del servidor! Es "aquel que está ante el otro"... Es "aquel que al menor gesto está dispuesto a servirlo"... Es "aquel que ama"... de verdad. "No amemos únicamente de palabras y con la boca, sino con actos y de verdad" (1 Juan 3,18).

La oración de la tarde, la oración de la noche. Vieja tradición de todos los pueblos. Quien la abandona, no sabe lo que pierde. Jesús oraba "por la noche". Recomendaba recogerse en la habitación más retirada para orar "solo", "en la intimidad". Es necesario recuperar el sentido de la oración "personal": el desarrollo que ha tenido la oración "en grupo", la oración "comunitaria", la oración litúrgica, no pueden ir en detrimento de la oración "íntima", de la oración "nocturna". El hombre que se limita a orar "con" los demás, el joven que sólo ora "con" los demás arriesga perder las dimensiones esenciales de su vida personal. La oración de la noche, antes de acostarse... da una tonalidad especial a toda la vida. Permite una especie de "recuperación" profunda de todas las actividades vividas a lo largo del día para darle un "sentido", un "valor" nuevo.

La Liturgia de las horas. En todas las religiones, existen hombres y mujeres, que tienen un "cargo de oración": monjes, monjas, gurús, ermitaños, bonzos, derviches, faquires...

La tierra está llena de monasterios, de claustros, que no son únicamente museos o monumentos para turistas. En estas abadías viven hombres que se encerraron allí para orar... No "por ellos mismos", en primer lugar, sino "por los demás". Son "funcionales", son "mediadores", oran por los que no oran. Tal es el papel maravilloso del Oficio divino (Liturgia de las Horas): a toda hora, día y noche... podéis estar seguros... hay alguien que ora en algún lugar. Podéis tomar la parte que os corresponde en este "servicio".

עַל נַהֲרוֹת בָּבֶל

NOSTALGIA Y COLERA DE LOS EXILIADOS, DE LOS DEPORTADOS...

El duelo silencioso, los llantos...

Las arpas mudas...

En lugar de respetar delicadamente este duelo, los babilonios
insolentes,
burlones,
Piden a los deportados que se alegren,
Que canten jubilosamente...
La palabra "Sión" despierta el recuerdo emocionado...
Primero una "imprecación" contra sí mismo:
Protesta vigorosa de fidelidad...
"Si llego a olvidarte, Jerusalén, mi patria
—Que mi mano se seque al tocar el arpa...
—Que mi lengua se pegue al paladar, si entona un canto...".

Luego, una segunda "imprecación" contra el enemigo:
Que los responsables de la desgracia de Jerusalén sean destruidos...

—Que la terrible maldición proferida por Babilonia
Se vuelva contra ella...
—Que "Babel", la gran devastadora del Oriente, sea aniquilada,
Y no hastíe al universo con "males horribles": que padezca lo que ha hecho padecer a los demás...

PRIMERA LECTURA: CON ISRAEL

* Este es uno de los más bellos poemas de la literatura universal: quizá jamás el amor apasionado por la patria haya sido cantado con acentos

SALMO 136

SI LLEGO A OLVIDARTE, JERUSALEN...

Junto a los canales de Babilonia
nos sentamos a llorar con nostalgia de Sión;
en los sauces de sus orillas
colgábamos nuestras cítaras.
Allí los que nos deportaron
nos invitaban a cantar;
nuestros opresores, a divertirlos:
"Cantadnos un cantar de Sión".

¡Cómo cantar un cántico del Señor
en tierra extranjera!
Si me olvido de ti, Jerusalén,
que se me paralice la mano derecha;

que se me pegue la lengua al paladar
si no me acuerdo de ti,
si no pongo a Jerusalén
en la cumbre de mis alegrías.

Acuérdate, Señor
de la gente edomita que decía
el día en que cayó Jerusalén:
"Echad abajo todo, arrasadla
hasta los mismos cimientos".

Hija de Babilonia que serás destruida,
dichoso el que te hiciere los males
que a nosotros nos hiciste.

Dichoso aquel que agarre a tus pequeños
y los haga pedazos contra las piedras.

de tanta nostalgia y tanta violencia. Lo confesamos abiertamente: este salmo nos desconcierta, a tal punto que quisiéramos suavizarlo y conservar tan sólo las cuatro primeras estrofas. El deseo salvaje de represalia que alientan las dos últimas estrofas es a menudo puesto entre paréntesis, cuando se canta este salmo en público: es difícil "orar" con estas dos últimas estrofas... Por esto, para no impresionar, se suprime. Se reconoce en ellas la ley del Talión: "ojo por ojo, diente por diente" (Génesis 4,23 - Exodo 21,23-25 - Levítico 24,18-21).

Este salmo es una forma de súplica, utilizada probablemente cada año, el día del "duelo nacional" que Israel celebraba con ocasión del aniversario de la destrucción de Jerusalén por los ejércitos de Nabucodonosor, en el 587. El profeta Jeremías, que vivió en carne propia el sitio de 18 meses, lo describe en todo su horror, fechando minuciosamente el comienzo y el fin del drama (Jeremías 39,1-10). La catástrofe nacional estaba presente en todas las mentes cuando se cantaba este salmo: el Templo incendiado a la par que los palacios reales y las casas de las ciudades... Destrucción sistemática, a golpe de pico, de todas las murallas (como se puede ver hoy en los bajos relieves caldeos en el museo de Louvre)... "El rey de Babilonia hizo degollar a los hijos de Sedecías en presencia de éste y luego les arrancó los ojos..." (Jeremías 39,6-7)... Finalmente, deportación masiva de toda la población... Un exilio que duró más de 50 años y durante el cual Jerusalén fue tan sólo un montón de ruinas. Estos son los hechos que dieron origen a este salmo candente y violento.

La plegaria anual de Israel era una súplica para que esto no se reprodujera "jamás". Y en este contexto, se pedía a Dios se "acordara del día de la destrucción de Jerusalén". "Acuérdate, Señor". Según la sicología religiosa de la época, se trata de una real execración cultual, destinada a lanzar una maldición contra Babilonia, para que nunca más en el futuro volviera a profanar el Templo de Dios.

No olvidemos, por otra parte, que el odio que se expresa en este salmo es el anverso de un amor apasionado: en cada estrofa se repite amorosamente la palabra "Sión" o "Jerusalén". El meollo positivo de este salmo, es en el fondo, una fantástica y enérgica protesta de fidelidad: "¡Si te olvido, Jerusalén, que la maldición caiga sobre mí!". Antes de extirpar el "mal" de los otros, se pide que primero lo sea del propio corazón.

SEGUNDA LECTURA: CON JESUS

** ¿Podemos imaginar que Jesús recitara este salmo? Sin duda alguna, pero lo hacía a su manera. Y ésta para nosotros hoy día, la única forma de recitarlo con El.

¡Jamás pactar con el mal! Jesús profirió palabras violentas para recordarnos la fidelidad a toda prueba: "A cualquiera que haga caer en pecado uno de estos pequeños que creen en Mí, más le valiera que lo hundieran en lo profundo del mar con una gran piedra de molino atada

al cuello" (Mateo 18,6). "Si tu mano o tu pie te inducen al pecado, córtalos y arrójalos lejos de ti" (Mateo 18,8).

Perdonar a aquellos que nos hacen el mal. Jesús mismo pidió estas dos cosas, que no son contradictorias... Aunque difíciles de vivir al mismo tiempo. "Yo os digo: amad a vuestros enemigos, orad por los que os persiguen... (Mateo 5,44). "Si no perdonáis, vuestro Padre tampoco perdonará vuestros pecados..." (Mateo 6,14).

Amar nuestra ciudad, nuestro país, pero sobre todo la "fidelidad de Dios". Jesús lloró cuando previó la segunda destrucción de Jerusalén por su rechazo a la visita de Dios: "Cuando llegó cerca de la ciudad y la vio, Jesús lloró por ella diciendo: ¡Si tú supieras! Vendrán días en que tus enemigos te arrasarán y no dejarán de ti piedra sobre piedra porque no reconociste el día en que Dios vino a visitarte" (Lucas 41,44).

Ser fiel sin compromiso. Un día pidieron también a Jesús que "entonara un cántico de Sión". Estaba "encadenado", prisionero. Hubiera podido, a lo mejor, congraciarse con Herodes, "haciendo algún milagro", tal como éste le pedía (Lucas 23,8-9). Jesús se resistió a este juego de Herodes. "No hay que echar las perlas a los puercos", había dicho un día (Mateo 7,6).

TERCERA LECTURA: CON NUESTRO TIEMPO

*** *Querer apasionadamente la destrucción del mal.* So pretexto de tolerancia, nos quedamos mudos. Babel, el nombre peyorativo de Babilonia, es la "anti-ciudad", la "anti-paz", símbolo de violencia, de dominación y de opresión injusta por la fuerza... En tanto que Sión, el nombre amoroso de Jerusalén es "la ciudad-tipo", el lugar de la paz, el símbolo de la comunión entre los hombres... En nuestro mundo actual, existen "Babilonias" de impiedad contra Dios y de injusticia contra los hombres: este salmo nos alienta a orar y actuar para que el mal sea extirpado de la humanidad y ante todo de nuestro propio corazón.

Jamás olvidarse de "Jerusalén". San Juan nos ha revelado que la verdadera Jerusalén es "la de arriba". Jamás debe olvidar el cristiano que vive como un desterrado y que su verdadera patria es el cielo. Satanás querría que cantáramos las canciones de la alegría mundana. Y los compromisos con el ambiente pagano son siempre actuales: hacer como todo el mundo... Adaptarse por inercia a la opinión circundante... Adoptar la mentalidad pagana del medio... Olvidar a Dios... Perder la fe... ¡Tentaciones permanentes y muy actuales!

No, no me instalaré en el exilio. La mayor tentación de los judíos deportados, fue la de plegarse al paganismo babilónico e instalarse en el exilio. La gran tentación del hombre es instalarse aquí abajo.

יְהוָה חֲקַרְתַּנִי

TODAS MIS "ACTIVIDADES"
DIOS OMNISCIENTE

"Tú me conoces...".
Cuando estoy sentado,
De pie
Cuando camino
O descanso,
Pones sobre mí Tu mano

EN TODAS PARTES...

DIOS OMNIPRESENTE

"Estás presente para mí...".

A veces quisiera escapar de Ti

Arriba,
Abajo,

Al este,
Al oeste,

Aun en lo profundo de las tinieblas,
Tú estás allí.

AUN LO MAS "SECRETO"...

DIOS OMNICREADOR

"Tú me creas...".
Aun antes de mi nacimiento
Cuando era "tejido"
"formado"
"Modelado"

"Inacabado"
Tú ya me conocías.

SALMO 138

SEÑOR, TU SABES

Señor, tú me sondeas y me conoces;
me conoces cuando me siento o me levanto,
de lejos penetras mis pensamientos;
distingues mi camino y mi descanso,
todas mis sendas te son familiares.

No ha llegado la palabra a mi lengua,
y ya, Señor, te la sabes toda.
Me envuelves por doquier,
me cubres con tu mano.
Tanto saber me sobrepasa,
es sublime, y no lo abarco.

¿Adónde iré lejos de tu aliento,
adónde escaparé de tu mirada?
Si escalo el cielo, allí estás tú;
si me acuesto en el abismo, allí te encuentro;

si vuelo hasta el margen de la aurora,
si emigro hasta el confín del mar
tu diestra llegará hasta mí.

Si digo: "Que al menos la tiniebla me encubra,
que la luz se haga noche en torno a mí"
ni la tiniebla es oscura para ti,
la noche es clara como el día.

Tú has creado mis entrañas,
me has tejido en el seno materno.
Te doy gracias,
porque me has formado portentosamente,
porque son admirables tus obras;
conocías hasta el fondo de mi alma,
no desconocías mis huesos.

Cuando, en lo oculto, me iba formando,
y entretejiendo en lo profundo de la tierra,

"¡ESTOY SIEMPRE CONTIGO!"

SI ESTO ES ASI...

¿POR QUE EXISTE EL "MAL"?

¿Por qué existen los malvados?

Siendo Tú tan poderoso, Señor...
Resulta enigmático ver el "mal"...

Tú que eres el juez a quien nada escapa
Haz el "discernimiento", sálvame...
Y condúceme por el camino de la eternidad.

PRIMERA LECTURA: CON ISRAEL

* Israel es un pueblo concreto, realista. No se trata de una meditación filosófica y abstracta, es un diálogo íntimo con Dios. El tema tratado por el salmista se relaciona con los puntos más álgidos de la investigación teológica de todos los hombres: ¡Dios lo sabe todo! ¡Dios está presente en todo lugar! ¡Dios ha hecho todo! Sin embargo, estos atributos divinos no son meditados aquí, en sí mismos sino en una perspectiva "personalizada": "Tú me conoces... sabes cuando me siento y cuando

tus ojos veían mis acciones,
se escribían todas en tu libro,
calculados estaban mis días
antes que llegase el primero.

¡Qué incomparables encuentro tus designios,
Dios mío, qué inmenso es su conjunto!
Si me pongo a contarlos, son más que arena;
si los doy por terminados, aún me quedas tú.

Ojalá, oh Dios, mataras al malvado
y ojalá se alejaran de mí los sanguinarios.
Ellos que se rebelan en tu contra,
sin que nadie lo note, se levantan
en vano contra Ti.

Señor, ¿no debo odiar a los que te odian y
aborrecer a aquellos que te atacan?
De todo corazón los aborrezco y
para mí también son enemigos.

Señor, sondéame y conoce mi corazón,
ponme a prueba y conoce mis sentimientos,
mira si mi camino se desvía,
guíame por el camino eterno.

me levanto...". Lenguaje maravillosamente poético, íntimo. No se encuentra a Dios cuando se lo considera como "problema"... El es "Alguien". No sirve mayor cosa "discutir" sobre Dios... Se trata de experimentarlo.
Se habla mal de Dios, cuando se debate sobre El en tercera persona: "El es esto, El es aquello...". Hay que tratarlo en segunda persona y decirle: "Tú" o "Usted". Llama la atención, una vez más, el canto vehemente "contra los impíos". ¿Sin embargo no es esto natural? Cuando se ama a alguien, no quisiera uno que existieran enemigos. Cuando se toma

conciencia de la Omnipotencia de Dios, resulta inevitable el interrogante: "Todo lo demás" ¡es tan bello!... ¿por qué existe este misterio incomprensible? Esta es la gran objeción contra Dios. Y la pregunta sigue abierta... Mientras el mundo continúa inacabado, mientras no vemos la "solución"... Por parte de Dios. ¡Debe existir alguna! Entonces, Señor, no dejes que siga el camino del mal, el camino de la nada de los siglos. ¡Llévame por tu camino, el camino de la eternidad!

SEGUNDA LECTURA: CON JESUS

** ¿Quién mejor que Jesús vivió este sentimiento de "total pertenencia", de presencia constante "con el Padre"...?

Esto es aún más cierto de la gran "noche" de tinieblas que anonadaron a Jesús aparentemente y que sin embargo fueron la gran "luz" de la presencia divina. Aun en medio de su Pasión y muerte, Jesús estuvo "con" Dios. Se escucha aquí su primer murmullo de Resurrección: "Me despierto: estoy aún contigo...". Palabras maravillosas, cantadas en el Introito de Pascua: "Resurrexi, et adhuc tecum sum...". Llama la atención que la Resurrección no tiene ningún carácter triunfalista en los Evangelios. Es más bien un misterio de intimidad, como el del salmo... Expresión de amor extasiado... "Estoy aún y siempre contigo". Ojalá repitamos estas palabras, fuente de felicidad indestructible con Jesús, desde lo profundo de nuestras tinieblas e interrogantes. "Estoy contigo, oh Padre".

TERCERA LECTURA: CON NUESTRO TIEMPO

*** *Total dependencia + total libertad = total amor.* Siento ya el fastidio del hombre "moderno" al escuchar este salmo: ¿por qué? —Me presentan un Dios minucioso, un Dios que ve todo, que lo sabe todo, que ha previsto todo ("¡En tu Libro, estaban mis días determinados, cuando aún no existía ninguno de ellos!"). Digamos sinceramente que no nos gusta esta imagen de un Dios fantasma, de un Dios que nos hubiera "programado" anticipadamente y que vigila nuestra menor infracción. Esto es justamente no comprender a Dios. Cuando oponemos "dependencia" y "libertad", no entendemos lo que es el verdadero "amor". Nadie es más dependiente que el que ama. Piensa en el otro. Está polarizado por el otro. Vive tan sólo para el que ama. Se "somete" al otro. Sin embargo, se siente totalmente libre. Desde dentro, movido por un impulso espontáneo y personal, se da al otro. De igual manera en este salmo hay una especie de combate: el salmista, hombre moderno en el fondo, ensayó en un primer momento "huir" de Dios, ocultarse en el extremo del mundo, para estar "tranquilo".

Igual combate el de Jacob contra Dios, en el Pozo de Jabok, durante toda una noche, el hombre "vencido" quedó señalado, cojeó el resto de sus días (Génesis 32, 23-33). Es la huida de Jonás ante una misión difícil y a quien Dios lleva por la fuerza a Nínive para que predique en ella (Jonás 1,1-3). Son nuestras propias reticencias, impregnados como estamos del ateísmo, las que nos hacen ver a Dios como un "rival" de nuestra propia libertad: ni Dios, ni "Señor". Pues bien, hay que mirarlo en la línea del amor: sí, no puedo escaparme de Ti, Señor, confieso que me has vencido... Tú me amas, y yo te amo.

Transparencia, secreto de amor. "Ninguna creatura escapa a la mirada (de amor) de Dios, todo está al descubierto y al desnudo ante sus ojos" (Hebreos 4,13). En lugar de ver en ello una insoportable tiranía, el autor del salmo la considera como una fuente de serenidad total, "Tú me conoces, mi amor. Sabes todo sobre mí. No puedo ocultarte nada, ni la madeja enredada de mis idas y venidas, ni mis pensamientos, ni mis proyectos, ni mis desesperaciones". En nuestros amores humanos, hay siempre una imperfección radical: hay siempre un rincón oculto que resiste a la transparencia... La terrible opacidad del cuerpo.

Vamos, corazón mío, déjate amar hasta la más perfecta transparencia.

Predestinación. "No ha llegado la palabra a mi lengua y ya Tú, Señor, la sabes... Tú te anticipas... Cuando en lo oculto me iba formando... En tu libro se inscribían todas mis acciones, calculados estaban mis días, antes que llegara el primero... Este lenguaje repugna al pensamiento moderno, pues parece quitar toda libertad al hombre... Como si fuéramos marionetas sin responsabilidad, manipulados, programados, carentes de toda iniciativa. San Pablo, retomando esta misma idea dirá que "Dios nos ha predestinado para que nos asemejemos a la imagen de su Hijo" (Efesios 1,4). El pensamiento antiguo, como el pensamiento semítico, deja en segundo plano las causas segundas en provecho de la Causa primera. Se atribuye a Dios todo lo que sucede, sin decir que Dios no obra habitualmente en "directo", sino a través de las "causas segundas", que están, de hecho, en el fondo de los acontecimientos. Se dirá que Dios envía la lluvia, la enfermedad, o cualquier otra cosa... Esto mismo ocurre con la "predestinación", forma de hablar que, mirando el desarrollo de la historia bajo el ángulo humano, trata de describir el actuar de Dios..., que siendo eterno, "domina el tiempo". Cuando se realiza el designio de Dios, se dice, y esto es cierto filosóficamente, que desde el principio Dios había previsto todo eso. Ahora bien, en Dios no hay "ni antes ni después". Dios está fuera del tiempo, está en la eternidad, es decir en una especie de "presente" que acumula y condensa todos los instantes del transcurrir del tiempo. Dios puede, a la vez, "predestinar y respetar nuestra libertad". Pero desde nuestro punto de vista "temporal", podemos decir que "Dios nos amó El primero". Nos agrada pensar que Dios tuvo la iniciativa.

בָּרוּךְ יְהוָה צוּרִי

COMBATE

DIOS, MI FORTALEZA... Mi roca

Mi fortaleza
Mi ciudadela
Mi escudo

Y YO... DEBILIDAD

Un soplo,
Una sombra

¡SALVAME!

— Del enemigo orgulloso
como las "montañas"

— Del "abismo"
— De los "ídolos" mentirosos

TE DARE GRACIAS

— Cantaré...
— Tocaré instrumentos musicales...

¡SALVAME!

— ¡Líbrame... de todo mal!

SALMO 143

BIENAVENTURADO AQUEL CUYO DIOS ES EL SEÑOR

Bendito el Señor, mi Roca,
que adiestra mis manos para el combate,
mis dedos para la pelea;
mi bienhechor, mi alcázar,
baluarte donde me pongo a salvo,
mi escudo y mi refugio,
que me somete los pueblos.

Señor, ¿qué es el hombre para que te fijes en él?
¿Qué los hijos de Adán para que pienses en ellos?
El hombre es igual que un soplo;
sus días, una sombra que pasa.

Señor, inclina tu cielo y desciende,
toca los montes, y echarán humo,
fulmina el rayo y dispérsalos,
dispara tus saetas y desbarátalos.

Extiende la mano desde arriba:
defiéndeme, líbrame de las aguas caudalosas,
de la mano de los extranjeros,
cuya boca dice falsedades,
cuya diestra jura en falso.

Dios mío, te cantaré un cántico nuevo,
tocaré para ti el arpa de diez cuerdas:
para ti que das la victoria a los reyes,
y salvas a David tu siervo.
Defiéndeme de la espada cruel,
sálvame de las manos de extranjeros,
cuya boca dice falsedades,
cuya diestra jura en falso.

PAZ

BIENAVENTURADO UN PUEBLO PROSPERO:

— Muchachos vigorosos...
— Jóvenes hermosas...
— Graneros llenos...
— Rebaños numerosos...

— La paz...

— Una ciudad sólida y alegre...

Por sobre todo, ¡bienaventurado el pueblo cuyo Dios es "su aliado"!

PRIMERA LECTURA: CON ISRAEL

* Este salmo se podría titular "guerra y paz": *la primera parte* evoca el gran combate escatológico (batalla y victoria de Dios contra el mal). Las "fuerzas infernales" están simbolizadas por el "abismo" temible, y los "ídolos", descritos como "montañas orgullosas" que Dios "quemará" con sus relámpagos. Estas fuerzas del mal, contra las cuales tengo que luchar son llamadas por el salmista "mentirosas y perjuras", pues engañan al hombre llevándolo hacia la nada. Se teme su "dominio", considerado como "extranjero": el mal se disfraza de bien para seducir

Sean nuestros hijos un plantío,
crecidos desde su adolescencia;
nuestras hijas sean columnas talladas,
estructura de un templo.
Que nuestros silos estén repletos
de frutos de toda especie;
que nuestros rebaños a millares
se multipliquen en las praderas,
y nuestros bueyes vengan cargados;
que no haya brechas ni aberturas,
ni alarma en nuestras plazas.

Dichoso el pueblo que esto tiene,
dichoso el pueblo cuyo Dios es el Señor.

al hombre, pero éste no es su verdadero bien. El fiel pide ser "liberado". Para los judíos esta batalla escatológica no es otra que el combate victorioso del "rey-Mesías" esperado. Esta Guerra Santa tomó los colores violentos de un combate temporal contra los enemigos de Israel... Dios interviene personalmente en la tormenta, como en el Sinaí, para salvar a los suyos (tema de la "Teofanía": fuego celestial, relámpagos, trueno).

La segunda parte del salmo evoca la paz recuperada, mediante imágenes altamente poéticas: la expansión del ánimo, la felicidad, la abundancia...

SEGUNDA LECTURA: CON JESUS

** Lo que se esperaba del "Rey-Mesías" Jesús lo asumió espiritualmente.

Jesús comparó su Iglesia a una "Roca" estable: "Tú eres Pedro y sobre esta Roca construiré mi Iglesia..." (Mateo 16,18). Pero esta Roca sólida, según Jesús, padece los asaltos de la fuerza del mal: "los poderes del infierno no prevalecerán contra ella" (Mateo 16,18).

En la oración que Jesús nos enseñó, tomó lo esencial de este salmo: "no nos dejes caer en tentación, líbranos del mal"... Nuestra vida es realmente un *¡combate* —"Danos hoy nuestro pan de cada día"... Estamos hechos para *la plenitud* y la abundancia. El salmo habla de "graneros llenos".

"Señor, abaja los cielos y desciende". Oración audaz. El salmista no sabía hasta qué punto su oración sería escuchada al pie de la letra: Dios "descendió del cielo" mediante la Encarnación. Notemos una vez más, hasta qué punto Jesús realizó los salmos. "¡Extiende tu mano, desde arriba!" decía el Antiguo Testamento. Y Juan, el discípulo amado, pudo decir: "Lo hemos tocado con nuestras manos" (1 Juan 1,1).

TERCERA LECTURA: CON NUESTRO TIEMPO

*** *Grandeza y debilidad del hombre.* "El hombre es semejante a un soplo, sus días son como la sombra que pasa...". "¿Qué es el hombre para que te acuerdes de él? El pensamiento moderno oscila entre estos dos extremos. La ciencia ha dado a la humanidad poderes inmensos. Pero luego de un primer instante de exaltación, la era científica acusa fragilidad. La ecología pone en evidencia que el poder técnico tiene su "reverso" temible. Basta un poco de lucidez, para reconocer que el hombre no es más que una sombra que pasa.

Humanismo. Prosperidad. Plenitud. Aunque estos temas son puestos a menudo fuera de su verdadero contexto por la sociedad de consumo y la publicidad, aceptemos con sinceridad que tocan fibras profundas de nuestro ser: un muchacho lleno de salud y vigor deportivos... Una joven "escultural" (expresión del salmo) en el esplendor de su belleza... Supermercados llenos de víveres de toda especie... Una ciudad tranquila y sin violencia... Todo esto puede parecer un cuadro idílico. ¿Pero después de todo, no estamos hechos acaso para la felicidad? Basta evocar los "contrarios" para convencernos que en el fondo de nosotros mismos estamos de acuerdo con el salmo: ¿Quién escogería de buen grado la enfermedad, la fealdad, la pobreza, la inseguridad?

"*Bienaventurado el hombre cuyo Dios es el Señor*". El salmo culmina en la proclamación explícita de la felicidad espiritual esencial. Cuando todo se aniquila junto al hombre tan frágil y efímero, cuando la enfermedad, la prueba, la inseguridad alcanzan sus fuerzas vivas, una fuente de alegría íntima puede siempre subsistir: la convicción de que Dios está "con" nosotros, y que nos "liberará" de todo mal.

טוֹב זַמְּרָה אֱלֹהֵינוּ

PEQUEÑO CATALOGO POPULAR

DE LOS ATRIBUTOS DE DIOS,
DE LOS MOTIVOS PARA ALABARLO:
El conduce la historia...

Consuela y cura a los humildes...
Ordena los astros...

El es grande, poderoso...
Es inteligente...
Protector de los pobres...

Señor de la naturaleza:
Nubes...
Lluvias...
Vida...
Vegetación...
Animales...

No le agrada el "poder arrogante" del hombre...
Espera nuestra fe,
nuestra confianza en su amor...

PRIMERA LECTURA: CON ISRAEL

* Toda la piedad popular judía (y muchas gentes de todas las civilizaciones) se expresa en este himno que enumera algunos de los atributos divinos, que mueven a decir "gracias", a "alabar". Notemos la aparente mezcla desordenada de *temas "históricos"* (intervenciones de Dios en favor de su pueblo: regreso de los deportados, reconstrucción de las

SALMO 146

EL SEÑOR EXALTA A LOS HUMILDES

¡Alabad al Señor, que la música es buena;
nuestro Dios merece una alabanza armoniosa.
El Señor reconstruye Jerusalén,
reúne a los deportados de Israel;
él sana los corazones destrozados,
venda sus heridas.

Cuenta el número de las estrellas,
a cada una la llama por su nombre.
Nuestro Señor es grande y poderoso,
su sabiduría no tiene medida.
El Señor sostiene a los humildes,
humilla hasta el polvo a los malvados.

Entonad la acción de gracias al Señor,
tocad la cítara para nuestro Dios,
que cubre el cielo de nubes,
preparando la lluvia para la tierra;

que hace brotar hierba en los montes,
para los que sirven al hombre;
que da su alimento al ganado,
y a las crías de cuervo que graznan.

No aprecia el vigor de los caballos,
no estima los músculos del hombre:
el Señor aprecia a sus fieles,
que confían en su misericordia.

murallas de Jerusalén, protección de los pobres, ruina de los impíos) y *temas "cósmicos"* (intervención de Dios en la naturaleza: estrellas, nubes, vegetación, animales, hombre). Este aparente desorden da la impresión de que el poeta, en una inspiración lírica, no sabe cómo callarse: las maravillas de Dios chocan unas con otras en su espíritu. En el texto hebreo, los verbos en participio suenan como un alegre carillón en la unidad de un mismo movimiento indefinidamente repetido: Yahveh... —reconstruyendo a Jerusalén — devolviendo a los deportados... curando los corazones — curando las heridas... contando las estrellas — llamando a cada uno por su nombre - exaltando a los pobres - humillando a los impíos - preparando la lluvia - cubriendo el cielo de nubes - haciendo germinar la hierba - dando el forraje.

SEGUNDA LECTURA: CON JESUS

** Llama la atención la semejanza entre este lenguaje sencillo, casi ingenuo, sobre Dios... y la manera de hablar de Jesús sobre el Padre, "que hace salir el sol y caer la lluvia" (Mateo 5,45)... "Que da su alimento a los pajarillos" (Mateo 6,26). Recordemos que Jesús se alimentó con estos poemas. De ahí que utilice casi las mismas palabras.

Por sobre todo, Jesús "vino" a realizar algunas de las "acciones" divinas cantadas por este salmo: El "reconstruyó" la humanidad... El "reunió" a los que estaban dispersos... El "curó y perdonó" a los corazones afligidos... El "beatificó" a los humildes y pequeños... El "humilló" a los orgullosos... El "se da en alimento" para darnos vida...

TERCERA LECTURA: CON NUESTRO TIEMPO

*** *Hacerse un alma de niño para admirar.* Hay en nosotros, hombres modernos occidentales, algo que se resiste a este tipo de lenguaje: lo encontramos demasiado ingenuo y optimista. Junto a las maravillas de la naturaleza, somos sensibles a sus fracasos. Será necesario quizá que las crisis de nuestra civilización nos acerquen a la naturaleza y nos devuelvan la capacidad de maravillarnos. Puesto que vivimos en un cuadro artificial, no "disfrutamos" la frescura de la lluvia que hace reverdecer los campos, ni la caricia del sol que hace germinar las plantas, ni la abundancia de semillas que crecen a profusión para los pajarillos. Será quizá necesaria una catástrofe para que comprendas, en la escasez y el racionamiento, hasta qué punto estábamos hartos con mostrarios llenos de legumbres y frutas. Los pueblos que padecen el hambre, que son la mayoría, tienen algo que decirnos a este respecto. No seamos como los niños "mimados", digamos sencillamente: "gracias".

Las "estrellas" y la "vida". El lenguaje popular y casi infantil de este salmo, a pesar de su apariencia, está lleno de sabiduría e inteligencia. Hay dos campos en que el hombre evidentemente no es el señor: los astros y la vida. No será de la noche a la mañana... que el hombre hará una estrella, una sola. Y las hay por millares, allá arriba, muy en su lugar. Innumerables, para nosotros. Imposible contarlas. Pero, como dice el salmista, Dios sabe su número y las conoce individualmente, cada una por su nombre... Esto no es infantilismo. Es científicamente cierto.

El más grande astrofísico del mundo no sabe el número exacto de las estrellas. Y quien quiere pasar por astuto ante este cosmos innumerable, está haciendo el ridículo y peca de infantilismo. El apasionado por Dios tiene la razón: "El es grande, es fuerte, nuestro Señor". Miremos por la noche el cielo estrellado, admiremos su grandeza.

El dominio de la "vida" está también fuera de nuestro alcance. La célula más pequeña que contenga clorofila es más poderosa que nosotros, es capaz de hacer la fotosíntesis de proteínas, mediante elementos minerales... En otras palabras, esto quiere decir que hace "materias orgánicas", vivientes, mediante elementos inorgánicos... Cosa que no hace ningún animal. Y nosotros, seres tan inteligentes, si no comemos proteínas, moriremos. Sin conocer esta verdad científica, el salmista tenía de ella una cierta idea y apuntaba que "las plantas están al servicio del hombre". Hoy sabemos que sin "vegetales" toda vida "animal" desaparece... Esto es más radical que lo que él había observado. Para orar, no hace falta renunciar a nuestros conocimientos. Inclusive, podemos servirnos de ellos para dar nuevo vigor a las observaciones "ingenuas" de nuestros antepasados. Eran quizá más conscientes que nosotros de la dependencia del hombre respecto a las estaciones, a la lluvia, al sol... de Dios.

Este Dios tan poderoso, se ocupa de los pequeños y de los débiles. Es ésta una de las más bellas intuiciones del pueblo de Israel, en su doble perspectiva: el Dios grandioso, dueño de todo, trascendente, cuyo poder brilla en el universo sideral y en las profundidades de la biología... Es el mismo Dios que se interesa por los "Anawim": "Bienaventurados los pobres, porque de ellos es el Reino de Dios". El mismo que sabe el número de las estrellas, se inclina hacia los corazones adoloridos. La muchachita triste no escapa a su mirada. El adolescente decaído, que vaga por los caminos de la soledad porque su padre lo ha rechazado, parte el corazón de Dios. Cualquier hombre o mujer que sufre una herida remueve el cielo. A toda herida en el corazón del hombre corresponde una herida en el corazón de Dios. Dios ama. Dios es vulnerable. Y ha querido asociarnos, hacernos responsables. Envió a su Hijo, Jesús, para curar los corazones destrozados" e invitarnos a hacer lo mismo: "Como Yo os he amado, amáos los unos a los otros".

¡A Dios no le impresiona la fortaleza! Es admirable la vigorosa ironía con que el salmista se burla de aquellos que pretenden pasar por "vivos" ante Dios: "No se complace en la fuerza de los caballos ni en el vigor de los guerreros". De nada sirve exhibir la musculatura ante Dios. ¡Es algo ridículo! La salvación no es cuestión de jarretes, ni de bíceps. No se conquista a Dios: se le recibe... puesto que El se da". El Señor se complace en aquellos que confían en su Amor". He aquí una palabra clave de toda la Biblia: entre Dios y el hombre no hay una relación de fuerza, sino una relación de "Hessed"... En Dios sólo hay amor.

שַׁבְּחִי יְרוּשָׁלַםִ אֶת־יְהוָה׃

ALABANZA

A QUIEN RECONSTRUYE NUESTRAS CIUDADES...
Seguridad... Prosperidad...
— La "paz"...
— El "pan"...

A QUIEN, MEDIANTE SU PALABRA,
HACE LAS MARAVILLAS DE LA NATURALEZA...
— La nieve...
— La escarcha...

— El granizo...
— El hielo...
— Y el deshielo...
— Y las aguas vivas de la primavera...

A QUIEN DIO "LA LEY" A SU PUEBLO ESCOGIDO...
— ¡Qué maravilla esta "alianza"!,
Esta intimidad...

PRIMERA LECTURA: CON ISRAEL

* Este salmo, en el texto hebreo, es la segunda parte del salmo 146 y continuación del mismo tema: Himno de alabanza a Dios Señor de todo y cuya bondad se manifiesta en toda clase de beneficios. Para los pueblos rurales de otros tiempos, la *"ciudad"*, rodeada de murallas y protegida por sólidas puertas, era el símbolo de la seguridad. Para los pueblos flagelados por el hambre, el *"pan"* en abundancia es símbolo de la felicidad y de la vida. Para los pueblos de países cálidos, los fenómenos

SALMO 147

CON NINGUN PUEBLO HIZO COSA SEMEJANTE

Glorifica al Señor, Jerusalén;
alaba a tu Dios, Sión:
que ha reforzado los cerrojos de tus puertas,
y ha bendecido a tus hijos dentro de ti;
ha puesto paz en tus fronteras,
te sacia con flor de harina.
El envía su mensaje a la tierra,
y su palabra corre veloz;
manda la nieve como lana,
esparce la escarcha como ceniza;
hace caer el hielo como migajas
y con el frío congela las aguas;
envía una orden, y se derriten;
sopla su aliento, y corren.
Anuncia su palabra a Jacob,
sus decretos y mandatos a Israel;
con ninguna nación obró así,
ni les dio a conocer sus mandatos.
¡Aleluya!

meteorológicos del invierno (nieve, escarcha, hielo) ocurren raras veces y son símbolos de lo irreal, de lo sobrenatural, de lo admirable... Maravillas que sólo Dios puede realizar. Pero Israel no olvida nunca que el mayor beneficio es el maravilloso don de la *"ley"*, de la *"alianza"* de Dios con su pueblo: ningún otro pueblo fue tratado de igual manera, ningún otro pueblo conoció sus voluntades. Estos dos temas, el de la intervención de Dios en *la historia* y el de la intervención de Dios en *la naturaleza* están estrechamente unidos por el tema de la "Palabra", del "Verbo" de Dios: es el mismo Dios *"que se expresa"* en los dos casos... Y las maravillas del cosmos son como la garantía de la verdad de su ley. El hombre que conoce la voluntad de Dios tiene la posibilidad de saber "la ley de su ser": es una seguridad de éxito. Lejos de considerar la ley como una sujeción o un peso, Israel la considera como liberadora. Se la ama, como la luz que permite caminar sin vacilar. Saber lo que es "bueno para el hombre", saber "lo que lo destruye", ¡qué beneficio!

SEGUNDA LECTURA: CON JESUS

** La Iglesia nos propone este salmo en la "Fiesta del Corpus Christi", la Fiesta del "Cuerpo y Sangre" del Señor. Este "pan de trigo que nos sacia" no puede menos de hacernos pensar en este "pan de vida" del que Jesús habló con frecuencia (Juan 6).

El salmo 147 dice que Dios "envía su palabra a la tierra... y que su Verbo la recorre...". Se trata de una "palabra" casi personificada, que tiende a ser distinta de quien la profiere. El autor del salmo no podía pensar en una tal perspectiva, pero nosotros no podemos olvidar las palabras de San Juan: *"El Verbo se hizo carne y habitó entre nosotros"* (Juan 1,14). Sí, Jesús fue la mejor "expresión" de Dios. Sus hechos, sus gestos, sus palabras, nos hablan mejor de Dios que todos los estudios que se han hecho sobre El. El es "verdaderamente la Palabra" de Dios en el mundo.

TERCERA LECTURA: CON NUESTRO TIEMPO

*** *Seguridad material. Alimentos terrenales. Felicidad humana.* Hubo una época en la Iglesia en que aparentemente se despreciaron los goces sencillos de esta tierra. Una predicación "espiritualista", desencarnada, hizo sospechosos estos goces humanos. La religión de Israel era más realista y daba gracias a Dios cuando los "barrotes de las puertas de la ciudad" habían resistido a los asaltos de los agresores... O cuando las provisiones de la ciudad eran abundantes... O cuando la paz reinaba en las fronteras. ¿Por qué no volver a los mismos temas para agradecer a Dios de todo lo bueno que hay en nuestras vidas cotidianas? Gracias, Señor, por la casa que me protege... Gracias, Señor, por la comida y el alimento que no falta... Gracias, Señor, por la libertad y la paz que tenemos...

Pero de inmediato otra oración aflora en nuestros labios: danos, Señor, la seguridad en estos tiempos de violencia... Sacia, Señor, a los hambrientos... Da, Señor, la paz a los pueblos que están en guerra, a los perseguidos, a los desdichados.

Eclosión de vida primaveral. Si la metamorfosis del agua en hielo no nos impresiona... Si el granizo que cae de arriba no impresiona nuestra imaginación, como sucedía con nuestros antepasados... Sepamos al menos reconocer que estamos muy desamparados ante estas catástrofes.

El autor de los salmos decía acertadamente: "¿Quién podrá no cejar ante este frío?". A pesar de los proyectiles contra el granizo, el campesino y el viñador saben muy bien que dependen de la meteorología. Un cultivo "granizado", una viña "helada", es la ruina, y a veces por varios años. ¡Qué alegría cuando la primavera se anuncia claramente, cuando viene el "deshielo", cuando "corren las aguas"! Se puede orar siempre ante las maravillas de la primavera, al borde de un arroyuelo campesino.

Beneficios espirituales. Alimentos espirituales. Dichas espirituales. ¿Por qué armar contradicciones? ¿Por qué contentarnos con dichas materiales? Israel, admirable una vez más por su equilibrio, agradece a Dios, en el mismo salmo, por sus logros y por el don de la Alianza. "Gracias, Señor, por habernos revelado tu Palabra, por habernos dado tu Ley. ¡No hizo tal con pueblo alguno! Ningún otro conoció sus voluntades". He ahí una alegría plena, desconocida para los que tienen lleno el vientre y realizan prósperos negocios. Hacer la voluntad de Dios: íntima satisfacción que cualquier hombre, aun el más pobre, puede disfrutar. Los hombres ahítos nunca sabrán las alegrías de que se privan, cerrándose a las perspectivas de lo invisible. El hombre no vive solamente de pan. La promoción del hombre no es asunto de aumento de salario o de poder de compra, sino también de mayor participación en la "cultura", en el "arte"... Y también la posibilidad de oración y relación con Dios. "El aspecto más sublime de la dignidad humana, es esta vocación del hombre para entrar en comunión con Dios" (Concilio Vaticano II. Gaudium et spes, 19).

El hombre tiene hambre de Dios. Cuando el hombre se hace las preguntas más radicales, las fundamentales, sólo las puede resolver en Dios. ¿Qué es el hombre? ¿Qué significan el sufrimiento, el mal, la muerte, que subsisten a pesar de tantos progresos? ¿De qué sirven estas victorias pagadas a tan alto precio? ¿Qué sucederá después de esta vida? ¿Por qué el hombre es ilimitado en sus deseos, conociendo muy bien sus límites? A todas estas preguntas, no hay respuesta en el sistema cerrado sobre el hombre. Pero, ¿por qué el hombre se encierra en sí mismo? En ciertos momentos, especialmente en los grandes acontecimientos de la vida, nadie puede evitar este género de interrogantes. Solamente Dios los puede responder plenamente. "¡Glorifica al Señor, Jerusalén! ¡Alaba a tu Dios, oh Sión! ¡Qué alegría es la tuya, comparada con aquellos que la ignoran!".

DIOS
MAS ALLA DE TODO LO CREADO,
NO PODEMOS MENOS QUE LLAMARTE
EL INCOGNOSCIBLE...”

BENDITO SEAS POR HABER MANIFESTADO
EN EL ROSTRO DEL MUNDO CREADO
ALGUNOS RASGOS DE TU GLORIA...

Todas tus obras...

Los ángeles...
Los cielos...

Las aguas...

El sol, la luna...
Los astros...

Lluvias y rocíos...
Los vientos...

El fuego...
La frescura...

CANTICO DE DANIEL

A TI, ¡ALABANZA Y GLORIA!

Bendito eres, Señor, Dios de nuestros padres:
a ti gloria y alabanza por los siglos.

Bendito tu nombre, santo y glorioso:
a él gloria y alabanza por los siglos.

Bendito eres en el templo de tu santa gloria:
a ti gloria y alabanza por los siglos.

Bendito eres sobre el trono de tu reino:
a ti gloria y alabanza por los siglos.

Bendito eres tú, que sentado sobre querubines
sondeas los abismos:
a ti gloria y alabanza por los siglos.

Bendito eres en la bóveda del cielo:
a ti honor y alabanza por los siglos.

Creaturas todas del Señor, bendecid al Señor,
ensalzadlo con himnos por los siglos.

***

Angeles del Señor, bendecid al Señor;
cielos, bendecid al Señor.

Aguas del espacio, bendecid al Señor;
ejércitos del Señor, bendecid al Señor.

Sol y luna, bendecid al Señor;
astros del cielo, bendecid al Señor.

Lluvia y rocío, bendecid al Señor;
vientos todos, bendecid al Señor.

Fuego y calor, bendecid al Señor;
fríos y heladas, bendecid al Señor.

Rocíos y nevadas, bendecid al Señor;
témpanos y hielos, bendecid al Señor.

La escarcha...
El hielo...
La nieve...
Las noches, los días,
La luz, las tinieblas,
Los relámpagos, las nubes,

La tierra...

Montañas, colinas,
Plantas, flores,

Arroyos, fuentes,
Océanos, ríos,

Monstruos marinos,
Pájaros, de toda especie...

Y "el hombre"...
El pueblo escogido,

Los santos, los justos,

Y Tú... Tú... Tú
¡BENDICE AL SEÑOR!

PRIMERA LECTURA: CON ISRAEL

* Este canto no hace parte del libro de los Salmos sino que está extractado del libro de Daniel. Fue compuesto hacia el año 164, en plena "persecución" de Antíoco Epífanes, tres años después de la "profanación del Templo", el 7 de diciembre del 167; este libro es la reacción del

Escarchas y nieves, bendecid al Señor;
noche y día, bendecid al Señor.

Luz y tinieblas, bendecid al Señor;
rayos y nubes, bendecid al Señor.

***

Bendiga la tierra al Señor,
ensálcelo con himnos por los siglos.

Montes y cumbres, bendecid al Señor;
cuanto germina en la tierra, bendiga al Señor.

Manantiales, bendecid al Señor;
mares y ríos, bendecid al Señor.

Cetáceos y peces, bendecid al Señor;
aves del cielo, bendecid al Señor.

Fieras y ganados, bendecid al Señor,
ensalzadlo con himnos por los siglos.

Hijos de los hombres, bendecid al Señor;
bendiga Israel al Señor.

Sacerdotes del Señor, bendecid al Señor;
siervos del Señor, bendecid al Señor.

Almas y espíritus justos, bendecid al Señor;
santos y humildes de corazón, bendecid al Señor.

Ananías, Azarías y Misael, bendecid al Señor,
ensalzadlo con himnos por los siglos.

Bendigamos al Padre, al Hijo y al Espíritu Santo,
ensalcémoslo con himnos por los siglos.

Bendito el Señor en la bóveda del cielo,
alabado y glorioso y ensalzado por los siglos.

pueblo judío ante la tentativa de los poderes políticos paganos de obligar a los creyentes a abandonar su fe. Ante las civilizaciones helenísticas triunfantes, en que pululan los dioses, en que se adora la belleza de sus estatuas, en que el rey mismo exige los honores de la divinidad, en que el estilo de vida promete un nuevo humanismo centrado en la exaltación deportiva del cuerpo... Israel "resiste", hasta el martirio, con las armas, y la sublevación de los "Macabeos"... Los creyentes afirman con fortaleza que "sólo Dios es Dios".

El formulario de "Bendición" del comienzo es tradicional: la acumulación de símbolos significa la "trascendencia" de Dios. El verdadero Dios está "más allá de todo". Lo que lo caracteriza es la "gloria": el firmamento del cielo, inviolado, allá arriba, es signo de su grandeza... Su trono es inaccesible, por encima de seres celestes misteriosos, los Kerubim... Pero Dios penetra también lo más profundo de los abismos, nada le escapa...

En la segunda parte, el "canto de las criaturas" canta la gloria de Dios: el universo es desmitificado. Nada es Dios aquí abajo. Todo ha sido creado por Dios y "bendice a Dios". El mundo entero es convocado.

SEGUNDA LECTURA: CON JESUS

** Jesús, durante su juicio ante el Sanedrín, citó el libro de Daniel: "¡Veréis al Hijo del hombre sentado a la Diestra del Todopoderoso venir sobre las nubes del cielo!" (Daniel 7,13; Mateo 26,64; Marcos 14,62; Lucas 22,69). Sus jueces comprendieron perfectamente la alusión y de inmediato gritaron al "blasfemo": estaba bien por parte de Jesús reivindicar algo de la "trascendencia de Dios".

Este canto de Daniel lo propone la liturgia el Domingo de la Santísima Trinidad. Celebrando a Jesucristo cada domingo del año, tomamos conciencia de que estamos ante el misterio del "más allá de todo": el inefable, el indecible, el inconcebible, Dios, se hizo hombre. Pero el misterio "permanece oculto en su misma Epifanía". No tratemos de encerrar a Dios en nuestras definiciones: "los conceptos crean los ídolos de Dios, dice San Gregorio de Nisa, sólo la admiración puede comprender algo". Hay que dejarse simplemente deslumbrar, no ver nada más. Otro padre de la Iglesia escribe: "los misterios se revelan más allá de todo conocimiento, aún más allá de lo incognoscible, en las tinieblas más que luminosas del silencio" (Denys).

TERCERA LECTURA: CON NUESTRO TIEMPO

*** *El creyente ante las "civilizaciones"*. Hoy estamos enfrentados a los mismos problemas espirituales de los creyentes del tiempo del libro de Daniel. Las civilizaciones dominantes han tenido siempre la tendencia a "encerrar" al hombre en sí mismo. El profundo menosprecio de Karl Marx hacia todas las religiones, que tacha de "fetichismo" construido por el hombre y del cual es necesario desalienarse... Es en nuestro tiempo el rostro nuevo de la tentación de siempre.

Somos de los que creen que el peor fetichismo es aquel del hombre de la civilización de consumo... que se da una multitud de dioses "a ras de tierra, a ras del estómago". Basta, por ejemplo, escuchar la publicidad de nuestro tiempo para ver a "qué nivel" vuela el ideal medio de los consumistas que somos. Aunque esto no guste a Karl Marx y a todos los señores materialistas, sigo convencido de que únicamente Dios es "libe-rador" y desalienante. La peor esclavitud, la peor alienación es "uno mismo"... y este deseo insaciable que renace cuando ya creemos haberlo satisfecho. En el mundo de los robots y de los esclavos que fabrica en serie nuestra civilización, ¡levántense los hombres libres. Hombres de la "trascendencia" a quienes el verdadero Dios libera de "todo".

Obras todas del Señor, bendecid al Señor. Recordaré toda la vida este canto de las criaturas, que escuché muy de mañana un domingo en un monasterio. Los monjes se habían levantado de madrugada, hacia las tres de la mañana, para su oficio de alabanza nocturna. Después de los Maitines, entonaron los Laudes, que quiere decir "Alabanzas". Uno de ellos, cantante de voz admirable, se puso de pie en medio del coro y lanzó las invocaciones, a las cuales cincuenta monjes respondieron con una formidable y abrumadora letanía. "Arroyos y fuentes"... prorrum-pió él, "¡Bendecid al Señor!" le respondían todos."Fuego, calor, frío, nieves, océanos, ríos...". "¡Bendecid al Señor!".

Lo ideal es cantar en grupo este poema, para hacer el efecto del "eco". Pero ensayemos de cantarlo en nuestro corazón, solos. Con un poco de imaginación podemos hacer funcionar nuestro cine interior, para mirar todas las critaturas de las cuales somos la voz: sol, luna, viento, rocío, relámpagos, nubes, colinas, montañas, pájaros, fieras, rebaños... hom-bres... Podemos añadir otras criaturas claro está. Excelente forma de orar la de convocar todas las criaturas a un canto de alabanza, llamán-dolas una por una, podemos citar otros nombres... Ensayemos.

Para una visión optimista del universo. Si entramos en el movimiento de este cántico, optamos por mirar el lado bueno de las cosas. El agua, el viento, el fuego, el hielo, los relámpagos, las nubes, las tinieblas, las fieras... No siempre nos son favorables. El viento destroza y arrasa. El hielo destruye los tiernos brotes. Las nubes a veces son devastadoras. Cada cosa de la creación tiene su lado bueno y su lado malo. Sobre el acero del riel pasa el tren, pero su peso y dureza pueden aplastar al obrero que hace un mal movimiento. El fuego sólo es un mal "cuando deja de sernos útil: ya que quema, sirve para cocer los alimentos o afinar los metales". Una parte del "problema del mal", tan doloroso para el hombre moderno, ocurre por la falta de realismo de la humanidad pretenciosa, que quiere evitar todo riesgo. ¡Las cosas son lo que ellas son! Nos toca conocerlas... Utilizar su aspecto favorable, neutralizar su lado negativo.

¡OBRAS TODAS DEL SEÑOR, BENDECID AL SEÑOR!

Μεγαλύνει ἡ Ψυχή μου τὸν

CANTO DE ALEGRIA
Por el acontecimiento personal de la "Maternidad" de María.

CANTO DE LOS POBRES
Por la preferencia habitual de Dios hacia los desposeídos.

CANTO DE LA ALIANZA
Por el cumplimiento de la promesa hecha a Abraham.

PRIMERA LECTURA: CON EL ANTIGUO TESTAMENTO

* El Magníficat no es un salmo estrictamente hablando. No fue escrito en hebreo, sino en griego, como lo testimonia la primera línea reproducida más arriba. No podemos pues hacer una primera lectura "con Israel", como lo hacemos habitualmente. Sin embargo, este poema del Nuevo Testamento utiliza la forma tradicional de los salmos de Acción de Gracias, utilizando de principio a fin la forma de frases y la mentalidad del Antiguo Testamento. Tenemos aquí una demostración admirable del hecho de que los salmos eran el alimento espiritual de las

MAGNIFICAT

EL RECUERDA SU AMOR

Proclama mi alma la grandeza del Señor,
se alegra mi espíritu en Dios mi salvador;
porque ha mirado la humillación de su esclava.

Desde ahora me felicitarán todas las generaciones,
porque el Poderoso ha hecho obras grandes por mí:
su nombre es santo
y su misericordia llega a sus fieles
de generación en generación.

El hace proezas con su brazo:
dispersa a los soberbios de corazón,
derriba del trono a los poderosos
y enaltece a los humildes,
a los hambrientos los colma de bienes
y a los ricos los despide vacíos.

Auxilia a Israel, su siervo,
acordándose de su misericordia
—como lo había prometido a nuestros padres—
en favor de Abraham y su descendencia por
siempre.

primeras generaciones cristianas y que el pensamiento de María y de Jesús se alimentaron de ellos.

Este cántico de María se asemeja mucho al de Ana, madre de Samuel: "Mi alma está jubilosa en el Señor. No hay santo comparable al Señor. Rompióse el arco de los poderosos, ciñerónse los débiles de fortaleza. Los hartos pusiéronse a servir por la comida y se holgaron los hambrientos. Levanta del polvo al pobre para sentarlo entre los príncipes. Los adversarios del Señor perecerán" (1 Samuel 2,1-11).

Las alusiones a los salmos son muy explícitas:

—"La fidelidad del Señor es eterna para los que le temen (Salmo 103,17).

— "Santo y terrible es su nombre" (Salmo 111,9).

— "Sació al sediento y al hambriento lo llenó de bienes" (Salmo 107,9).

— "Con la fuerza de tu corazón dispersaste a tus enemigos" (Salmo 89,11).

— "Levanta del polvo al desvalido, saca del estiércol al pobre, para sentarlo entre los príncipes" (Salmo 113,7).

— "Se acordó de su amor en favor de la Casa de Israel" (Salmo 98,3).

La parte central del Magníficat está exactamente en la línea espiritual de Israel, este pueblecito pobre que Dios miró y amó. Escuchamos aquí la oración de los "pobres de Yahveh", los "Anawim", en una síntesis admirable, relaciona los dos términos de esta intervención prodigiosa de Dios: en el origen, Abraham y la promesa de Dios... En la meta, María, en quien se cumple esta promesa.

SEGUNDA LECTURA: CON EL EVANGELIO

** Si el Magníficat está en la línea del Antiguo Testamento, es también un anuncio profético del Evangelio.

La palabra "humilde sierva" nos hace pensar en la escena de la Anunciación, en que María había dicho: "He aquí la sierva del Señor". Nos recuerda las parábolas en que Jesús nos aconseja que seamos siervos humildes. Pensamos sobre todo en Jesús que toma la condición del "servidor" que lava los pies de sus apóstoles la tarde del Jueves Santo.

En las situaciones de que habla el Magníficat (poderosos, humillados, hambrientos saciados, humildes levantados, ricos enviados con las manos vacías), reconocemos varias páginas del Evangelio, tan numerosas que sería vano citarlas; están presentes en la memoria de todos. "Quien se exalta será humillado... Los últimos serán los primeros...".

"La exultación de María anuncia la de Jesús. ¿Es pura casualidad que sus alegrías tengan la misma razón?". Exultando bajo la acción del Espíritu Santo, Jesús dijo: Te alabo, Padre, porque has ocultado estas cosas a los sabios y prudentes y las has revelado a los pequeños" (Lucas 10,21). La alegría de María, igual que la de Jesús, consiste en contemplar la acción de Dios en favor de los pobres y pequeños.

TERCERA LECTURA: CON NUESTRO TIEMPO

*** *Compromiso de Dios en la justicia hacia los desposeídos.* El Magníficat dividió a los hombres en dos categorías: de una parte las personas comunes y corrientes, los humildes, los pobres, los hambrientos, los que sufren... De otra parte los orgullosos, los ricos, los hartos, los poderosos... María pertenecía a la primera categoría. Humanamente, vivía en la obscuridad y la simplicidad. Con su delicadeza interior percibe que Dios "se inclina" preferentemente hacia los "pequeños" y contempla anticipadamente el cambio de situación proclamado por toda la Biblia. Observemos que se trata de una perspectiva a largo alcance, escatológica, espiritual: paradójicamente, nunca vemos que Dios dispersa a los soberbios y baja de sus tronos a los poderosos, en la vida de María... por el contrario, ella tiene que huir cuando Herodes quiere matar a su hijo. Y un día los poderosos de este mundo lo matarán finalmente. *Pero* precisamente María canta la victoria final de Dios, cuando la injusticia generalizada será vencida, cuando la opresión de los ricos será compensada, cuando la insolencia de los grandes será aniquilada, en la hora de la suprema intervención de Dios. La Resurrección de Jesús "derribará a los poderosos de su trono... y exaltará a los humildes".

Sin embargo, debemos hacer todo lo que esté de nuestra parte, desde aquí abajo, y ahora mismo, para trabajar "en el sentido de Dios": luchar por la justicia, ayudar a los marginados, promover a los pobres, dar de comer a los hambrientos. La juventud actual y las corrientes contemporáneas marchan en esta dirección, aunque a veces tal comportamiento tenga un cariz contestatario. A veces, no sin razón, al cantar el Magníficat en ciertas fiestas estudiantiles, se le ha dado una connotación de "canto de liberación" o revolucionario. La violencia de tales tendencias no es muy evangélica, pero nosotros, ¿qué hacemos para "derribar a los poderosos de sus tronos y exaltar a los humildes"?

Humildad, sencillez. En este mundo hay personas famosas, notables, importantes... Y luego gentes de condición media, los humildes, aquellos de quienes nadie habla... María pertenecía a estos últimos, desconocida, perdida en su pueblito de Nazaret. El Magníficat de María hace una revelación extraordinaria: ¡para Dios cada ser es importante! Cuanto más pequeño, es más "mirado", "considerado" por Dios.

Alegría, dicha. María empieza diciendo: "¡Estoy dichosa!". ¿Y de dónde tanta felicidad? Una mirada se ha posado sobre ella. "¡Dios se ha inclinado sobre mí!". De inmediato esta dicha íntima aflora en una "Acción de Gracias": "Gracias, Señor, te alabo".

Tener un corazón generoso, perspectivas "universales". El que María de Nazaret se sienta pequeña e "ignorada" no significa que sea pobre de espíritu. ¡Nada de eso! Ella es magnánima y mira lejos. Esta jovencita humilde piensa en la humanidad entera. Su horizonte es el "porvenir": todas las generaciones me llamarán bienaventurada. Piensa en todos los hambrientos, en todos los humildes de la tierra de todos los tiempos y ve que Dios los ama con predilección.

Εὐλογητὸς Κύριος

ACCION DE GRACIAS A DIOS

— El visita...
— El rescata...
— El salva...
— El es fiel...

= "Salvación".

= "Amor".

= "Memorial".
= "Promesa realizada".

Liberados del mal...

Justos y santos...
En su presencia...

Como Juan Bautista...

— El perdona...

— Pues El nos ama...

Luz

Vida
Paz

BENEDICTUS

EL VISITA A SU PUEBLO

Bendito sea el Señor, Dios de Israel,
porque ha visitado y redimido a su pueblo,
suscitándonos una fuerza de salvación
en la casa de David, su siervo,
según lo había predicho desde antiguo
por boca de sus santos profetas.

Es la salvación que nos libra de nuestros enemigos
y de la mano de todos los que nos odian;
ha realizado así la misericordia que tuvo
con nuestros padres,
recordando su santa alianza
y el juramento que juró a nuestro padre Abraham.

Para concedernos que, libres de temor,
arrancados de la mano de los enemigos,
le sirvamos con santidad y justicia,
en su presencia, todos nuestros días.

Y a ti, niño, te llamarán profeta del Altísimo,
porque irás delante del Señor
a preparar sus caminos,
anunciando a su pueblo la salvación,
el perdón de sus pecados.

Por la entrañable misericordia de nuestro Dios,
nos visitará el sol que nace de lo alto,
para iluminar a los que viven en tiniebla
y en sombra de muerte,
para guiar nuestros pasos
por el camino de la paz.

PRIMERA LECTURA: CON EL ANTIGUO TESTAMENTO

* Esta Acción de Gracias es de Zacarías, esposo de Isabel, y padre de Juan Bautista, el Precursor (Lucas 1,67-79). Se trata de una pareja de edad avanzada y estéril, sin hijos, (Lucas 1,7) que de un momento a otro, ve escuchada su oración. El padre, feliz, exterioriza su alegría. Y espontáneamente no es un "salmo" en sentido estricto lo que aflora a sus labios, sino una "composición nueva" que improvisa con base en fórmulas tradicionales. Igual que en el Magníficat de María, las referencias al Antiguo testamento son numerosas. Estos judíos humildes estaban impregnados de su Biblia y su pensamiento estaba profundamente marcado por las reminiscencias de la Palabra de Dios.

"¡Bendito sea el Señor!" fórmula tradicional de bendición (Génesis 9,26; 14,20; 24,27; Exodo 18,10; 1 Samuel 25,32; 1 Reyes 1,48; 8,15; Salmos 41,14; 72,18; 89,32; 106,48, etc...).

"Dios visita a su pueblo" (Génesis 21,1; 50,24; Exodo 3,16; Jeremías 29,10; Salmos 65,10; 80,15; 106,4, etc...).

"Salvación que nos libra del poder de nuestros enemigos" (Salmos 111,9; 130,7).

"Amor... Alianza... Ternura de Dios...". Tema que aparece a lo largo de toda la Biblia. El término hebreo que está detrás de estas palabras es simbólico: "Las entrañas bondadosas de nuestro Dios", que el latín tradujo literalmente: "Per viscera misericordiae Dei nostri". Símbolo permanente en la Biblia (Isaías 54,7; 63,7-15; Jeremías 31,20; Zacarías 1,16; Salmo 79,8; 119,77; 145,9).

"El camino de la paz". La paz, plenitud de vida, don por excelencia de la era mesiánica (Isaías 9,5-6; Miqueas 5,4 etc...).

SEGUNDA LECTURA: CON EL EVANGELIO

** La "visita" de Dios.
Zacarías no entendía claramente el sentido de esta palabra. Pero sí que lo sabía el Espíritu Santo que inspiró su canto. "Zacarías, lleno del Espíritu Santo, profetizó en estos términos" (Lucas 1,67). Jesús, Hijo de Dios encarnado, es realmente Dios que visita la tierra y que pone en ella su tienda. San Juan hablará también de la "morada" de Dios.

"El rescata a su pueblo... El es la fuerza que nos salva... El nos libera de manos de nuestros opresores... Por el perdón de nuestros pecados... Para iluminar a los que habitan en tinieblas y sombras de muerte...". Cinco expresiones admirables para describir nuestra "liberación del mal". En el "Padrenuestro" Jesús insiste en que oremos diciendo: "¡No nos dejes caer en tentación, líbranos del mal!". La real opresión es el "pecado": "quien comete el pecado es esclavo del pecado" (Juan 8,34). Jesús es el máximo liberador de los hombres, por redimirlos de sus pecados. Y su Resurrección es la única luz para la humanidad "que habita en sombras de muerte".

TERCERA LECTURA: CON NUESTRO TIEMPO

*** Este "Benedictus" hace parte de la oración diaria de los monjes, religiosos, sacerdotes y laicos, que celebran el Oficio Divino o Alabanza de las horas. Debería hacer parte también de la oración diaria de los cristianos.

Hacia una oración que sea ante todo "Alabanza". Los jóvenes de hoy, conscientes de la trascendencia de Dios, se preguntan sobre el sentido de la oración de petición, que consideran "interesada". Si bien la petición debe ocupar su lugar, ciertamente la oración "gratuita" debe ocupar un lugar cada vez mayor: agradecer, dar gracias, alabar... "Bendito sea el Señor", una oración que no pide nada, sino que se maravilla por los dones de Dios.

Hacia una visión positiva de la historia. El mundo actual es abiertamente melancólico. Sólo se habla de crisis. La inseguridad es grande. Los más lúcidos pensadores ateos afirman simplemente que este mundo es "absurdo", que no tiene sentido. Y el gran público saca de ello la conclusión, en el fondo desilusionada, del viejo epicureísmo: "¡Gocemos de la vida mientras la tenemos!". Jamás desaparece totalmente un cierto pesimismo que se expresa en violentas reivindicaciones y en ciertas manifestaciones subterráneas de nuestra civilización (violencia, droga, hastío de vivir, sexualidad desenfrenada). Si, por el contrario, resonara en nosotros el canto de Acción de Gracias de Zacarías, nos impregnaríamos poco a poco de esta idea: "Toda la historia está dirigida e irrigada por el amor de Dios". No por esto debemos caer en la ingenuidad: el combate, el conflicto están siempre presentes. Pero hay que mirarlos en forma positiva. Con la fe, vemos la historia de muy diversa manera, con un Dios "que nos aleja del enemigo y nos libera de los opresores".

Hacia un hombre que "camina en presencia de Dios". La causa de inseguridad y de angustia es la impresión de abandono, de soledad, de anonimato. Las depresiones nerviosas abundan en ciertos núcleos urbanos.

En esta oración encontramos un antídoto para este sentimiento de abandono: "Caminar en presencia de Dios a lo largo de nuestros días... Trabajar en presencia de Dios...".

A quienes tratan de hacernos creer que el hombre está "encerrado bajo llave", según expresión de Jean-Paul Sartre, hay que probarlos mediante los hechos que el hombre es un "ser abierto hacia otra cosa": el mejor símbolo de la humanidad no es el universo carcelario, cerrado... Es, por el contrario, el horizonte infinito que se abre sobre el hombre que levanta la cabeza. La imagen del "cielo" no es algo ingenuo, en el aire. Existe efectivamente, una "apertura" fantástica vertical sobre mi cabeza. Y resulta curioso observar una evidente "vuelta a la oración" de muchos hombres y mujeres que no se resignan a quedarse en un universo cerrado.

Hacia un hombre que avanza "por el camino de la paz". ¡Bienaventurados los artífices de la paz! "Hacia la paz" Dios "conduce los pasos" de la humanidad. Así concluye el Benedictus. ¡La paz! San Benito, fundador de la vida monástica, en Occidente, dio la paz como ideal a millones de monjes hace ya muchos siglos.

SALMOS DE LOS DOMINGOS

Indice de Materias

según los tres ciclos litúrgicos

El número del salmo está en letra **negrilla** (p. ej. 121), la página donde éste se encuentra está en letra *cursiva* (p. ej. 241) para el Tomo I y en redonda (p. ej. 125) para el Tomo II

	Ciclo A		Ciclo B		Ciclo C	
1 dom. de Adviento	**121**	*241*	**79**	*149*	**24**	*55*
2 dom. de Adviento	**71**	*143*	**84**	125	**125**	*245*
3 dom. de Adviento	**145**	*263*	Magnificat	259	Isaías	12
4 dom. de Adviento	**23**	*49*	**88**	147	**79**	*149*
Navidad medianoche	**95**	*177*	**95**	*177*	**95**	*177*
aurora	**96**	*183*	**96**	*183*	**96**	*183*
día	**97**	*189*	**97**	*189*	**97**	*189*
Santa Familia	**127**	*249*	**127**	*249*	**127**	*249*
Santa María (1º de enero)	**66**	*119*	**66**	*119*	**66**	*119*
Epifanía	**71**	*143*	**71**	*143*	**71**	**143**
Bautismo del Señor	**28**	*67*	**28**	*67*	**28**	*67*
2 dom. ordinario	**39**	*93*	**39**	*93*	**95**	*177*
3 dom. ordinario	**26**	*61*	**24**	*55*	**18**	*35*
4 dom. ordinario	**145**	*263*	**94**	*171*	**70**	*137*
5 dom. ordinario	**111**	177	**146**	245	**137**	*253*
6 dom. ordinario	**118**	186	**31**	*77*	**1**	*11*
7 dom. ordinario	**102**	*201*	**40**	41	**102**	*201*
8 dom. ordinario	**61**	77	**102**	*201*	**91**	*167*
Miércoles de Ceniza	**50**	*103*	**50**	*103*	**50**	*103*
1 dom. de Cuaresma	**50**	*103*	**24**	*55*	**90**	*161*
2 dom. de Cuaresma	**32**	*81*	**115**	*221*	**26**	*61*
3 dom. de Cuaresma	**94**	*171*	**18**	*35*	**102**	*201*
4 dom. de Cuaresma	**22**	33	**136**	229	**33**	*87*
5 dom. de Cuaresma	**129**	213	**50**	*103*	**125**	*245*
Dom. de Ramos	**21**	*41*	**21**	*41*	**21**	*41*
Jueves Santo	**115**	*221*	**115**	*221*	**115**	*221*
Viernes Santo	**30**	37	**30**	37	**30**	37
Sábado Santo	**117**	*231*	**117**	*231*	**117**	*231*
Dom. de Pascua	**117**	*231*	**117**	*231*	**117**	*231*
2 dom. de Pascua	**117**	*231*	**117**	*231*	**117**	*231*
3 dom. de Pascua	**157**	*25*	**4**	15	**29**	*73*
4 dom. de Pascua	**22**	33	**117**	*231*	**99**	*195*
5 dom. de Pascua	**32**	*81*	**21**	*41*	**144**	*257*

	Ciclo A		Ciclo B		Ciclo C	
6 dom. de Pascua	**65**	*113*	**97**	*189*	**66**	*119*
Ascensión	**46**	*99*	**46**	*99*	**46**	*99*
7 dom. de Pascua	**26**	*61*	**102**	*201*	**96**	*183*
Pentecostés	**103**	*207*	**103**	*207*	**103**	*207*
Trinidad	Daniel	253	**32**	*81*	**8**	*15*
Cuerpo y Sangre	**147**	249	**115**	*221*	**109**	*213*
Sagrado Corazón	**102**	*201*	**102**	*201*	**102**	*201*
9 dom. ordinario	**30**	37	**80**	113	**116**	*227*
10 dom. ordinario	**49**	67	**129**	213	**29**	*73*
11 dom. ordinario	**99**	*195*	**91**	*167*	**31**	*77*
12 dom. ordinario	**68**	*130*	**106**	161	**62**	*109*
13 dom. ordinario	**88**	147	**29**	*73*	**15**	*25*
14 dom. ordinario	**144**	*257*	**122**	193	**65**	*113*
15 dom. ordinario	**64**	83	**84**	125	**68**	*130*
16 dom. ordinario	**85**	131	**22**	33	**14**	*21*
17 dom. ordinario	**118**	186	**144**	*257*	**137**	*253*
18 dom. ordinario	**144**	*257*	**77**	105	**89**	*155*
19 dom. ordinario	**84**	125	**33**	*87*	**32**	*81*
20 dom. ordinario	**66**	*119*	**33**	*87*	**39**	*93*
21 dom. ordinario	**137**	*253*	**33**	*87*	**116**	*227*
22 dom. ordinario	**62**	*109*	**14**	*21*	**67**	*123*
23 dom. ordinario	**94**	*171*	**145**	*263*	**89**	*155*
24 dom. ordinario	**102**	*201*	**114**	183	**50**	*103*
25 dom. ordinario	**144**	*257*	**53**	73	**112**	*217*
26 dom. ordinario	**24**	*55*	**18**	*35*	**145**	*263*
27 dom. ordinario	**79**	*149*	**127**	*249*	**94**	*171*
28 dom. ordinario	**22**	33	**89**	*155*	**97**	*189*
29 dom. ordinario	**95**	*177*	**32**	*81*	**120**	*237*
30 dom. ordinario	**17**	23	**125**	*245*	**33**	*87*
31 dom. ordinario	**130**	217	**17**	23	**144**	*257*
32 dom. ordinario	**62**	*109*	**145**	*263*	**16**	*29*
33 dom. ordinario	**127**	*249*	**15**	*25*	**97**	*189*
34 dom. ordinario	**22**	33	**92**	157	**121**	*241*
CRISTO REY						
Presentación	**23**	*49*	**23**	*49*	**23**	*49*
Anunciación	**39**	*93*	**39**	*93*	**39**	*93*
S. Pedro y S. Pablo	**33**	*87*	**33**	*87*	**33**	*87*
Transfiguración	**96**	*183*	**96**	*183*	**96**	*183*
Asunción	**44**	51	**44**	51	**44**	51
La Santa Cruz	**77**	105	**44**	51	**44**	51
Todos los Santos	**23**	*49*	**23**	*49*	**23**	*49*
Dedicación	**83**	119	**83**	119	**83**	119
Inmaculada Concepc.	**97**	*189*	**97**	*189*	**97**	*189*

SALMOS PARA DIVERSAS CIRCUNSTANCIAS

El número del salmo está en **negrilla**, la página donde éste se encuentra para el Tomo I está en *cursiva* y para el Tomo II en redonda.

INDICE

TALLER EDICIONES PAULINAS
BOGOTA 1988
IMPRESO EN COLOMBIA - PRINTED IN COLOMBIA